JN097052

奈落の底から見上げた明日

照ノ富士春雄

日本写真企画

旭冨士
森県後援会

照

長引くコロナ禍、日々感染のリスクが伴うなかで
医療に従事されている皆さまへ感謝を申し上げます。

第73代横綱 照ノ富士

プロローグ

両国国技館の大歓声に包まれ、思わず涙があふれてきた。

まさか……、この俺が……!

2015年5月。当時関脇だった私、照ノ富士は、千秋楽で碧山関を破り、念願だった初優勝を手にした。あまりのうれしさに、頭の中は真っ白だった。

以前から、周りの先輩たちに、

「お前、どこの番付を目指しているの?」

と聞かれると、

「横綱です。そこしか目指していませんから」

と答え、

「すげえな」

と言われてきた。
しかし、相撲を始めた当初は、正直そうではなかった。幕内に入って、人気者になってお金持ちになり、親や家族を楽させてあげたい。自分も豊かな生活ができれば、それでいい。そう思っていた。しかし、いざ実際に入幕してみると、そうじゃないだろう、と目が覚めた。

もっと強くなりたい――。

どんどん上の目標を立てて、それらをひとつずつ達成してきた。将来的に「横綱」という目標はあっても、今年中にこの地位にまで行く、という明確な目標を立てることで、それが自分への焦りに変化し、稽古を自分からするようになった。自分で自分を追い込めるようになったのだ。

ただ、目標のひとつだった「優勝」を手にしたのは、思ったよりも早かった。実際、初土俵から所要25場所での初優勝は、年6場所制以降の初土俵力士のなかでは、1位タイの朝青龍氏・貴乃花氏に次ぐ、2番目のスピード記録だそうだ。しかも、1位の二人との差は、たった1場所である。正直、ここまで早い段階で叶えてしまうとは思っていなかった。

千秋楽から3日後に開かれた理事会と番付編成会議で、私の大関昇進が決まった。新三役から2場所での大関昇進は、15日制以降では私が史上唯一だそうだ。ここでまたひとつ、スピード記録を打ち立てた。

当時、私はまだ23歳。平成生まれ初の幕内最高優勝であり、平成生まれ初の大関誕生でもあった。

横綱・大関というと、雲の上のような存在だ。でも、自分がなってしまったら、だからといって何かが変わるでもなく、

「なーんだ。結局一緒じゃん」

「いままでと何が違うんだろう」

と思ってしまった。

単純に、ピンと来ていなかったのだ。

「大関としての責任を全うし……」

と、先に大関に上がった先輩たちはみんなカッコいいことを口にしていたと思うけれど、自分のなかでは、そんな気持ちはまったくなかった。それよりも、

「大関って、こんなに簡単になれちゃうもんなの?」

という感じだ。

もちろん、それまでにたくさん積み上げてきたことや、努力してきたことはあったけれど、大関昇進にかかるいろいろなことを理解するにはまだ若く、あまりに早すぎた。いま振り返っても、甘く見ていたなあと思う。

晴れて大関になった私の周りには、たくさんの人が集まってきた。

大きなお金も知名度も手にした自分は、どこに行ってもちやほやし

てもらえた。もともとお酒を飲むのが好きで、この頃がピークというくらい誘いが多かったし、自分でそれが楽しかったから、時には親方の目を盗んでまで、夜の街に繰り出していた。

多いときは、一晩でシャンパンを24本も空けたことがある。お酒は、好きだし強いし、いくらでも飲める。朝まで飲んで、まだ酔っぱらったまま稽古しても勝てていたから、これでいいんだと慢心していた。

この強い体に、お酒なんかが勝てるもんか。

当時は、自分でそう思っていた。

師匠の伊勢ヶ濱親方（元横綱・旭富士）は、何事にも厳しいことで有名だが、稽古さえきちんとしていれば怒らない。……というか、怒られなかったのは、普段遊んでいるのがバレていなかっただけだ。

一度、大阪場所中に事件は起きた。夜の10時くらいだっただろうか。北新地で飲もうとタニマチの人たちと共に意気揚々と車を降りたら、なんと道で親方にばったり遭遇したのだ。

「こんなところで何してんだこらぁぁぁ！」

周囲の人が驚くくらい、ものすごい勢いで怒鳴り散らされたのだ。

その瞬間まで、一緒にいる人の前では、

「俺は大関だぁ！」

って、肩で風切って威張っていたのに、怒り狂う親方を前に一気に縮こまって、

「す、すみません……」

と、しゅんと体を小さくして、そのまま再度車に乗り込むほかなかった。

とはいえ、一度車に乗ってしまえば、適当に周辺をぐるっと一周して、また降りて飲みに行けばいいだろう、くらいに思っていた。

それなのに——。

なんと、後ろから親方が車でずーっとついてくるではないか！

巻こうにも巻けない。本当に、ずっとついてくる。仕方がないので大人しく宿舎に戻ったが、親方はしっかり宿舎までついてきた。
親方って、本当に弟子の性格をよくわかっているよね。私が何を考えているかなんて、なんでもお見通しなんだ。

23歳の若さで大関にまで上り詰めた私は、稽古もよくしていたけれど、同じくらい豪快に飲んで、遊んで、調子に乗ってもいた。さらにはモンゴルで自分の祭りなんかを開いたりしたこともあった。いま思い返すと……はぁー。ため息しか出ない。
こんな生活をしていた当時は、まさかこの後自分が、誰も経験したことのないような奈落の底を見ることになるなど、まるで想像さえもしていなかった。

これは私、照ノ富士がこれまで歩んできた、波乱万丈な相撲人生の物語である。

優勝
関脇 照ノ富士 春雄関
平成二十七年七月場
優勝
平成二十七年五月場所
毎日新聞社

もくじ

1

モンゴルで生まれ育つ「お母さんに厳しくも優しく育ててもらい運動も勉強もできた」

私、照ノ富士こと杉野森正山（出生名ガントルガ・ガンエルデネ）は、１９９１年11月29日、モンゴルのダルハン県で生まれた。

ダルハンは、首都・ウランバートルに次ぐ、モンゴル第２の都市といわれている。田舎だけれどきれいな街で、若者向けのデートスポットなんかもたくさんあり、いまも親戚たちが暮らしている。

家族は、両親に加え、３つ上の姉と11歳下の妹がいる。一家の一人息子として、「大きくなったら、自分が家族を守らなきゃ」

という思いを、人一倍強く抱いてきたように思う。

私は、小さい頃から同級生のなかでは一番体が大きくて、学校の番長のような感じだった。やんちゃで運動も大好き。友達とは、バスケットボールやサッカー、時には人の家の屋根に上って、家伝いに走ったりなんかもして、とにかく元気に外で遊んでいた。

そうやって、体が小さくてすばしっこい子たちと一緒になって、同じように遊んでいたから、体が大きいわりに運動神経もよくなったのかな。


小さい頃は、歌も好きだった。学校で一番うまいと言われていたくらい。ウランバートルでは、歌やダンスのコンテストがあり、本当は一度行ってみたかったが、お母さんが勉強に厳しい人だったから、そういうのには行ったことがなかった。

代わりに、勉強はできていた。幼稚園のときに、お父さんの仕事の都合でザーマルという町に引っ越して以来、ザーマルに住んでいたが、小学生になってから町の塾に通い始めた。

小学3年生のときには、成績優秀で飛び級した（日本では、飛び級は一般的じゃないらしいね）。

学校から選ばれ、ウランバートルで行われた数学オリンピックに出場したこともある。その後も塾には通っていて、中学3年のときには高校2年の勉強がもう終わっていた。結局、高校2年でも飛び級して、17歳の頃にはモンゴルの大学に通うようになっていた。

ただ、勉強が好きだったわけではなくて、両親を喜ばせるためにやっていただけ。だから、「できていた」けど、頑張ってはいなかった。

塾の数学の先生の教え方がとにかくうまくてわかりやすかったのと、クラスメイトたちもすごく優秀だったから、それに引っ張られてできていた感じかなと思う。それだから、勉強で「悔しい」と感じたことは一度もない。実際、両親も喜んでくれていたから、むしろこれくらいでいいだろうと思っていた。

私に対して常に、

「勉強しなさい」

と言い続けていたお母さんは、とても厳しくて、いままでたくさん怒られてきた。それはもう、数えきれないほど。勉強は、できていたけど、いつもサボっていて、真面目にやっていたわけじゃなかったからね。

特に覚えているのが、飛び級で大学に行った17歳のときのこと。みんなより一足先に入学したはいいものの、柔道を始めて、次第に本格的に取り組むようになったら、

幼稚園で。右から4人目の後列が横綱。小さい頃から一番大きい

大学の勉強をあまりやらなくなってしまった。

結局、日本に行くため、大学は1年で中退。そこで、その1年間の成績をあらためて見てみたら、もう悪いどころか欠席ばっかりだった。

あまりに成績がひどすぎて、それを見たお母さんは、気を失いそうになるくらいで（笑）、めちゃめちゃ怒られた。

そんなお母さんは、

「人に迷惑をかけないように生きていきなさい」

「何かひとつのことに集中して、徹底的にやってみなさい」

「いろんなことをあれもこれもと追い

かけていると、全部が中途半端でうまくいかなくなるから」

ということを教えてくれた。

だから、いま思えば、何かやり始めたら徹底的にやろうという気持ちが、昔からあったように思う。こうして相撲で結果を出せているのも、とことんやっているからかもしれない。

勉強に関しても、好きじゃなかったけど、両親を喜ばせようと思ってやっていたからできていた。

その点では、お母さんの言う通りになっているし、子どもの頃からひとつのことに集中して、徹底的にやることを厳しく言われ続けていたのが、いまに生きているのかな。もし自分が勉強自体を好きだったら、向上心をもって取り組んで、もっともっとできていただろうなと思う。


もうひとつ、昔からお母さんに言われていたのは、

「発言には気をつけなさい」

ということ。どういう意味かというと、私はなぜか、自分で発言したことがのちに必ず現実になっている。もちろん、

幼稚園では、学習優秀者の一人に選ばれた（一番右）

「今年中に幕内に上がる！」

とか、

「来場所は優勝する！」

といった、いいことを有言実行できるだけだったらいいのだが、悪いこともそうなってしまうのだ。

ネガティブになって、

「もうダメかも」

「休んじゃいたいなあ」

なんて言うと、そのあと本当にダメになってしまう。

この教えは、これからお話ししていく私の相撲人生にも、大きな影響を与えている。

2

16歳でスケート場を経営「自分で責任を負うことの大切さを身に染みて理解できた」

はっきりとは覚えていないが、小さい頃の夢は、お金持ちの社長さんになることだったと思う。

両親が、ホテルやレストランを持つ経営者で、正直お金に困らない生活をさせてもらっていたので、その影響が大きかったのかもしれない。

一軒家を買って、車は5台持って、家族と一緒に裕福に暮らしたい——。

そんなふうに漠然と思い描いていたし、これも口に出していたから、のちに現実のものになるのだが。

実際、16歳くらいからは、親からお小遣いをもらうことなく、自分で稼いでいた。

日本だと、学生は飲食店で働いたり、塾で勉強を教えたりと、アルバイトをしてお金を稼ぐのが一般的だと聞いたが、自分は経営者の両親を見ていたので、アルバイトをするという考えは、最初からなかった。

「アルバイトは、雇い主が儲かるだけで、下で働く自分らは稼げないでしょ」

と思っていたからだ。

では、私が何をしたかというと、モンゴルでスケート場を作って経営していた。

両親がホテルを作ったときも、子どもながらに建築の人たちと一緒に動いて、興味をもっていろんなことを学んだので、そのときの経験も生きたと思う。

まずは、友達と二人で、その子のお母さんのところに行った。そのお母さんが理事長をしている学校のグラウンドに、スケート場を作りたかったからだ。

友達と一緒に、

「冬の間だけグラウンドを貸してください」

と、お願いしに行ったことを覚えている。

賃料などの取り決めをきちんとした後に、木材を売っているところに行って、実際にどれくらいの大きさの木を買えばいいいか、更衣室はどれくらいの広さにするかなどを細かく計算していった。

その後、自分の両親のところへ行って、

「3ヶ月で返すので、初期費用として100万円を貸してください」

と頭を下げた。お母さんは、

「簡単にできることじゃないのよ」

と厳しいことを言っていたけれど、お父さんが、

「自分たちでやるって言ってるんだから、貸してあげようよ」

と言ってくれたおかげで、お金を借りることができた。


そこからは、実際のスケート場作りだ。新たに友達を三人ほど連れて、グラウンドに水を撒いて凍らせていく。

ただし、水は夜でないと凍らない。夜10時くらいから明け方4〜5時くらいまで水撒きをして、終わったらまた朝から普通に学校に通うという日々を、2週間くらい送った。

ようやく氷ができ上がる直前に、借りたお金で木材を買いに行って、囲いや更衣室などを作った。それから、中国まで出向いて、スケート靴も買った。

そんなこんなで、ついにスケート場が出来上がった。完成してすぐに、地域の子どもたちがたくさん遊びに来てくれるようになったのを見て、うれしかったね。

経営はずっと順調だった。当時、モンゴルの平均月給は、日本円にして2～3万円だったけれど、私はスケート場の経営で月に30～40万円稼いでいたから、どれだけ儲かっていたか、おわかりいただけるだろう。

親に借りたお金は、約束通り最初の3ヶ月くらいで完済。そのあとからの売上は、もう全部自分たちのお小遣いになった。

そんなわけで、16歳くらいから親にはお金を一切もらわずに生活していた。

それ以前は、それこそお母さんのところで手伝いをして稼いだことはあったが、自分で事業をおこしたのは初めてだった。儲かっていた額が額だったから、気が大きくなって、友達全員を連れて遊びに行っちゃったり、自分でも金遣いは荒かったなと思う。

でも、それくらい経営はずっと順調だった。

日本に来るにあたって、スケート場は一緒に経営していたもう一人の友達に任せることにした。だから、私が関わったのは2年くらいだろうか。

短期間で辞めたのは、もちろん日本に来るのが決まったからだが、やっぱり維持するのが大変だということもわかったからだった。木材はすぐに腐るため、何度も取り替える必要があったし、中国のスケート靴も、良質なものではないので、壊れることもしばしばあった。

もし、あのままずっとモンゴルに住んでいたとしたら、さらに2つ3つ新しいスケート場を作って、事業を拡大しながらやっていたかもしれないけれど、それはわからない。


ただ、こうしたビジネスの経験は、自分で責任を取ってやることだから、今後生きていく上でも糧になるだろうと思っている。

言葉にすると当たり前だが、借りたお金は返さなきゃいけないなとか、自分ですべて責任を負うことの大切さなんかは、スケート場を経営したことで、身に染みて理解できたことだと思う。

両親・妹と、観光地で

3

体が大きいからって有利じゃない「最初から大きかったとしても努力をしなければ強くなれない」

私は昔から周りに比べて体が大きかったため、格闘技には向いていたかもしれない。

事実、力士になってからも、

「恵まれた体躯で」

「大きな体を生かした」

などと言われたり書かれたりしてきた。

もちろん、相撲のようなスポーツにおいて、体が大きいことが有利に働く面は多々あるだろう。

しかし、大きい人は大きいなりにデメリットも抱えている。

例えば、私は体が大きいばっかりに、自分の体重を支えることができず、腕立て伏せなどが1回もできなかった。筋力を鍛えるための自重トレーニングのほとんどは、回数をこなすことができないのだ。

一方、細い人なら、腕立て伏せだってなんだって、たくさんやって、どんどん筋肉をつけていける。

私のように大きい人は、まず1回もできないところから始まるのだ。そこから鍛えていくというのは、細い人が強いられる努力とはまた違った努力がある。

もうひとつは、運動能力の面。これはイメージしやすいと思うが、小さい人や細い人は、すばしっこい動きでいろんなことができるけれど、体の大きい人は、限られたことしかできない。俊敏さやスピードにおいて、どうしても制限があるのだ。

つまり、もともと体が小さくて、運動能力に優れ、体の動かし方をわかっている人が、その小さい体から鍛えて体を大きくしていくと、幅広い相撲のスタイルを使える可能性が広がる。

それを裏付けるように、これまでの歴代横綱のなかで、もとから体の大きかった力士はそう多くないと言える。

体が小さくて、または線が細くて、動く能力のあった人が、もともとある優れた運動能力を残したまま、どんどん体を大きくしていく。だからこそ、大きくなってからの強さが違うのだ。

でも、私みたいに最初から体の大きい人が、後からそのような運動能力をつけるっていうのは、なかなか難しい……というか、ほぼ不可能に近いだろう。こういうところは、体の大きい人が背負っているハンデなのだ。

何が言いたいかというと、要するに体が大きいだけで、

「恵まれているね」

「有利だね」

と言われることが多いのだが、それは違うということ。

大きい人は大きい人なりの努力が、小さい人には小さい人なりの努力があり、それぞれ努力の種類が違うだけで、最初のスタートラインはみんな一緒なのだ。それを、

「お前は大きくてみんなより有利なんだから」

「あいつはお前より小さいのに頑張っている」

という観点で比べるのは違うだろうと思っている。

最初から大きい人も、最初は小さい人も、小さいまま相撲を取る人も、それぞれのメリット・デメリットを理解し、自分が必要な努力を重ねていることに変わりはない。努力のベクトルが違うだけで、「有利」「不利」と決めつけるのはナンセンスだ。

人は、つい〝小さいのに頑張っている〟人を応援したくなるのだろうし、その気持ちは理解するが、私は最初から体が大きい子どもたちにも、彼らなりに積まなければならないであろう努力を推し量り、心からエールを送りたい。

俺だって、最初は腕立て伏せもできなかったんだから。

大きい子たちも、腐らないで、みんな頑張ってくれよ。

4

18歳で日本に行くチャンスを掴んだ「負けたことで初めて悔しいという気持ちを知るようになった」

私が日本の大相撲を知ったのは、たしか小学6年生の頃。お父さんが家でよく相撲を見ていたので、一緒になって見るようになったのだ。

当時は、横綱・朝青龍関や白鵬関といったモンゴル人力士たちが活躍していて、モンゴルには大きな相撲ブームが到来していた。大相撲中継の時間になると、みんなテレビを見に家に帰るため、町には人がいなくなる。それくらいの人気だった。

私は、最初から力士たちを、

「カッコいいな」

と思ったわけではなかったが、見ているうちに誰が誰だか自然とわかるようになり、徐々に興味をもつようになった。

ほどなくして、私は魁皇関のファンになった。だって、まさに〝漢(おとこ)〟って感じで、すごくカッコよかったから。魁皇関を好きになってから、相撲自体にもどんどん詳しくなっていった。

力士たちは皆、強く、たくましく、輝いていた。いつの間にか、私も夢中になって中継を見ていた。


自分が相撲をやろうと思ったきっかけは、15歳くらいのときに足を運んだ、とある相撲教室。その頃すでに身長は185センチくらいあって、体も大きかったから、見よう見まねでやってみたら、なんだかできそうな気がした。

当時、元旭鷲山さんがモンゴルで主催しているわんぱく相撲大会があって、1週間くらい練習してそれに出てみたら、なんと優勝してしまったのだ。


もしかしたらこれ、本当にいけるんじゃないかな。

なんだか自信がわいてきた。

ほどなくして、私に期待を寄せた親戚が、白鵬関のお父さんであるムンフバトさんに引き合わせてくれた。ムンフバトさんは、なぜだか私のことを気に入ってくれ、一人の日本人を紹介してくれることに。とんとん拍子に話が進み、なんとその人が日本に連れて行ってくれることになったのだ。

お母さんと一緒に飛行機に乗って、15歳で初めて日本へ。

「なんてきれいな国なんだろう」

最初に感じた率直な感想だった。建物も、道路も、道行く人々も、モンゴルのそれとは違っていた。

私の隣で、お母さんも感動しているようだった。自分が稼いでお金持ちになったわけではなかったけれど、〝家族を外国に連れて行きたい〟という夢がかなった瞬間であり、すごくうれしかったのを覚えている。

このときは、尾車部屋で1週間ほど寝泊まりしてお世話になり、初めて相撲部屋の存在を知った。相撲部屋は、びんつけ油や土俵の土の匂いなどで、いままで嗅いだことのない、独特の香りが漂っていたことを、いまも強烈に覚えている。

とてもいい経験にはなったが、特に稽古をするでもなく、半分観光のような感じでただ楽しく過ごしただけだった。そのため、入れてくれる相撲部屋も見つからぬままモンゴルへ戻った。

しかし、この経験があったからこそ、

「やっぱり俺は相撲をやりたい」

という気持ちがいっそう高まったし、そのモチベーションをずっと保つことができたと思う。

戻ったモンゴルでは、相撲への道を模索しながら、でも勉強も続けていた。万が一、最終的に受け入れてくれる相撲部屋が見つからなかったら、お父さんの会社を継げるようにしておこうと考えていたからだ。黙々と勉強に励み、人生の選択肢を増やしておくため、大学進学を目指した。

飛び級して大学に入った17歳のとき。白鵬関のお父さんが、

「君は体も大きいし、なんでも素質があるから、相撲だけじゃなくて、モンゴル相撲や柔道でも十分活躍して有名選手になれる」

「どの道に行くかは、やってみて自分で決めればいいから、まずは大学で柔道をやってみたらどうだ」

とアドバイスをくれ、柔道の先生を紹介してくれた。それを機に、大学では柔道を習った。

大学での1年間は、本格的に柔道に打ち込んだ。その分、悔しい思いも味わった。モンゴルでジュニア選手権に出たときのこと。先生は、私が100パーセント優勝できると信じてくれていたし、自分でも優勝できるだろうと、自信をもって臨んでいた。

しかし、直前に「相手の足を触ると反則」というルール改正があった。試合では、有効も取っていたのに、相手の足を触ってしまって、まさかの反則負け。

そのときだった。自分のなかで初めて、

「悔しい」

という、はっきりとした気持ちが湧いてきたのは。

いままでも負けると本当に悔しいけれど、心からの悔しさを味わったのは、このときが初めてだったんじゃないかな。あまりに悔しくて、あふれる涙を抑えることができなかった。

大会後、先生にはものすごい勢いで叩かれた。自分だって、「なんでできないんだよ！」と、自分に対して悔しくてもどかしい思いでいたのに、先生にまで責められたことで、ふがいなさに拍車がかかった。

どうしようもなく悔しくて、道場から外に飛び出し、一人で泣いた。ついさっきまで怒っていた先生も、さすがに気にして、クラブのみんな総出で私を探してくれたそうだが。

それでも、道場に戻ると、先生に、

「泣いている場合じゃないぞ。もっと稽古しろ、もっと研究しろ」

とハッパをかけられた。

柔道を始めて少し経った頃。白鵬関のお父さんは、今度はモンゴル相撲の大会に連れて行ってくれた。

しかし、そこでまさかの1回戦負け。せっかく、モンゴル相撲のレジェンドである白鵬関のお父さんに紹介されて連れてきてもらったのに、こんなに不甲斐ない終わり方をして、悔しいやら情けないやら恥ずかしいやらで、また泣いてしまった。

そんなふうに泣いて悔しがる私の姿を見て、白鵬関のお父さんは、

「こういう気持ちの奴はなかなかいない」

と、うれしそうに話し、ますます私のことを気に入ってくれたが、これが私の二度目の悔しい体験だったように記憶している。

こんな感じで、スポーツの実績としては、実はずっと順調にきているわけではない。負けるたびに悔し涙が出てきてしまう。自分でも、

「情けないなあ」

と思うばかりだった。

とはいえ、柔道の先生は、最初は腕立て伏せもできない状態だった私を、1年間期待を込めて育ててくれた。

柔道を習ったことで、「クラッシュ」という、カザフスタンにある柔道のような競技の世界大会で、イスタンブールにまで行く機会ももらえた。

もともと身体能力が高かった私に対し、先生は最終的に、

「お前は同い年のなかで一番強い」

と太鼓判を押してくれたのだ。そのおかげで、

「もう負けない」

と、自分で自分を信じることができた。


しかし、だ。ありとあらゆる競技を経験しても、やっぱり私は、相撲がやりたかった。最初から考えていたのは、

「相撲で強くなれば、圧倒的にいい生活ができるようになる」

ということ。

子どものときからずっと、豊かな生活がしたいと思っていた自分。家族を働かせることなく、自分が一人で頑張るんだと息巻いていた。

では、そのためには何をするのが一番いいか。

当時、多くのモンゴル人は、

「相撲だったら、ものすごく稼げるし、有名になれる！」

というイメージを抱いていた。だから自分も、それを成し遂げたかったのだ。強く

なれなければ、そんな生活を送ることもあり得ないけれど、当時はなんだかできそうな気がしていた。

つまり、相撲が好きで好きでやりたかったというわけではないので、動機が純粋ではなかったかもしれない。それに、そもそも相撲自体を軽く見ていたな、といまは思うが、理由はともあれ、相撲に固執する自分がいた。

そうして転機は訪れた。

18歳になったとき、白鵬関が、相撲の名門である鳥取城北高校に話をつけてくれたのだ。いわゆる「相撲留学」のチャンスである。

基本的には、高校1年生の年代の子がスカウトされるものなのだが、18歳の私でもいいと言っていただいた。願ってもない好機だ。

家族も反対しなかった。むしろ、私の夢を知って、前向きに背中を押してくれた。

2010年3月末。こうして私は、高校3年生の年齢で鳥取城北高校に入学し、本格的に相撲の道を歩み始めることになる。

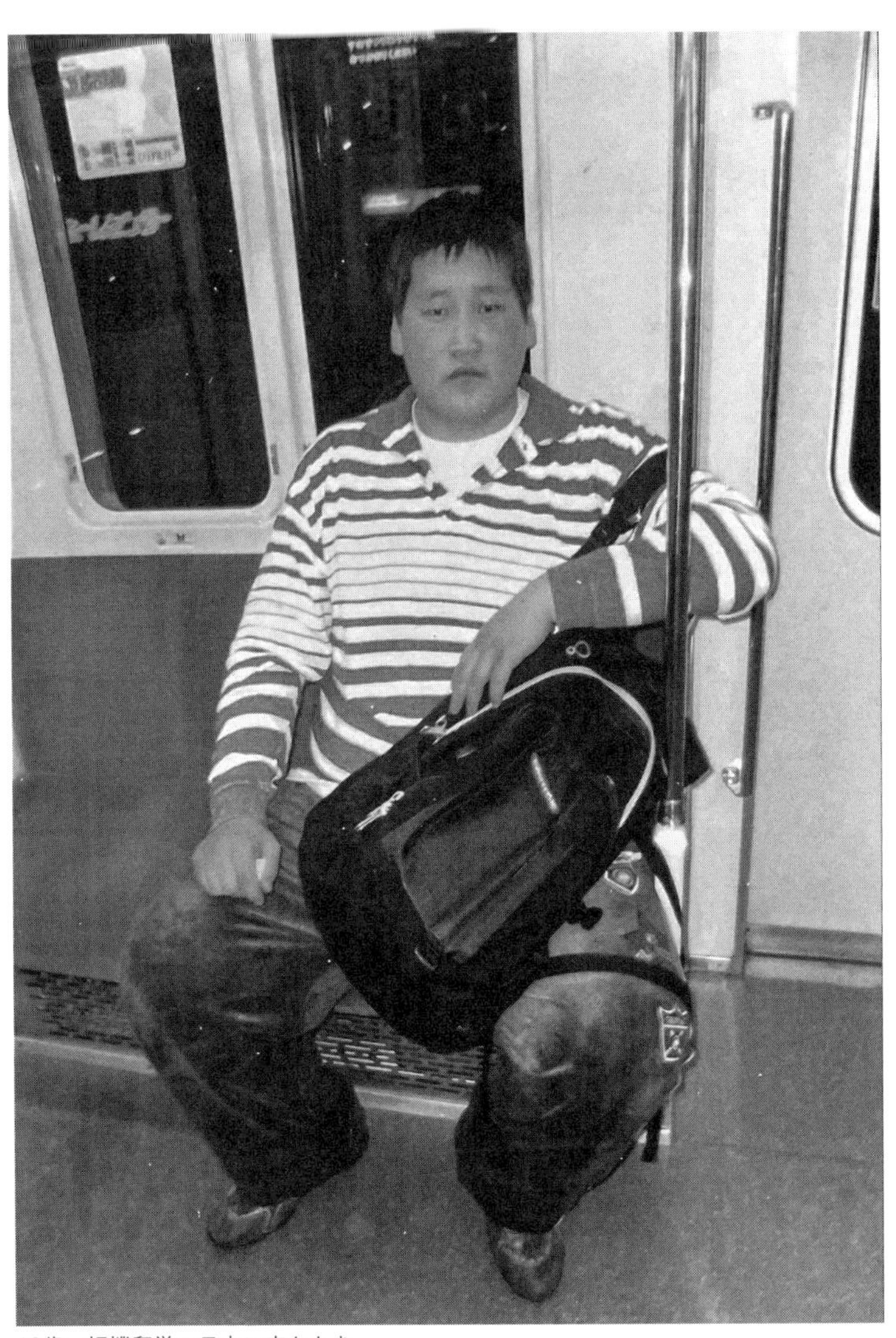

18歳。相撲留学で日本に来たとき

母・オユンエルデネさんが語る「息子」照ノ富士

「これからも正しく生きていってほしい」

ガナ（照ノ富士のニックネーム）が生まれたのは、お姉さんが生まれた3年後の1991年、体重は4200グラムでした。生まれたときから体が大きくて、顔は白くてぽっちゃりしていました。私は、ずっと男の子が欲しいと思っていて、そんななか生まれてきてくれたので、すごくうれしかったです。

ガナは、幼い頃から元気な子でした。でも、小さいときは、運動はあまり好きではなくて、家にいるとずっと横になっているような感じ。家の手伝いも何もしないでね（笑）。

代わりに、2～3歳の頃から、家にいるときはいつも私と一緒に歌を歌っていました。歌はいまも好きですね。

当時、ガナは「歌のコンテストに行きたい」と言っていたんですが、私が歌ではなく数学の大会に行ってほしかったので、そう言って行かせました。実際、勉強もできていましたから。数学が得意だったので、私としては、将来エンジニアになってほしかったんです。もちろん、子どもなので反抗期はありましたよ。

でも、大きくなって、柔道を習わせるのは嫌じゃありませんでした。なぜなら、これで痩せるかもしれないと思ったから（笑）。この頃はもう、本人の意思を一番にして、自分からやりたいと言ったことには、だいたいOKを出していたと思います。進んでやりたいと思ったことは、必ず実行するような子でした。

私がよくガナに言う「言葉に気をつけなさい」というのは、モンゴルのことわざにあるんです。いい言葉を言えばいいことが起こり、悪い言葉を言えば悪いことが起こる、ということわざです。

きっかけは、ガナがまだ〝海外〟という概念もわかっていないような小さい頃に、よく、

「お父さんとお母さんを海外に連れていく」

「二人を将来海外に住まわせる」

と言っていて、その後実際に一緒に日本へ行くなど、それが現実になったことからです。ガナが口に出していたことは本当に起きるので、いいことは言っておいてほしいな、という願いです。

逆に、ガナは悪いことは口に出さなかったので、悪いことが起こったという

記憶はないのですが、きっと本人も気をつけていたんでしょうね。

初めて日本に行ったのは、ガナが15歳のとき。私も一緒でした。日本は、とてもきれいな国だなと思ったのを覚えています。

例えば、電車に乗ると、小さい子どもがいすに座るときに親が靴を脱がせるなど、周囲の人に迷惑をかけないように皆さん配慮していて、すごいなあと感銘を受けました。特に、外国から初めて来た人たちにとっては、住みやすいだろうなと思いましたね。治安が悪くて危ない国もあるなか、日本は治安もよくて安全で、怖いという印象はまったくありませんでした。

当初、私は、入れる相撲部屋がないのなら、無理にお相撲さんにならなくてもいいんじゃないかな、と思っていたんです。でも、せっかく日本に来て、入る部屋がなくてモンゴルへ帰るときは、やっぱりちょっと悲しかった。

だからこそ、日本の高校に入学することになったときは、とてもうれしかったです。当時、ガナは大学をサボってまで柔道に打ち込んでいたので、つまりはそこまでやりたかったことですし、昔からの夢が叶うんだと思うと、うれしい気持ちでした。

もちろん、寂しいときもありましたが、

息子の夢が叶っているので、うれしさのほうが大きかったです。ガナが日本へ行くときは、

「夢を叶えるためには、自分を信じて。誰が何といっても、自分だけを信じること。正しく生きていけば、なんでも大丈夫よ」

と言って、送り出しました。

鳥取城北高校にいるときは、連絡があまり取れず、1ヶ月に1回連絡があるくらいでした。その頃はまだインターネットがモンゴルに普及していなかったからというのもあります。1ヶ月は、私にとっては長かったですね。心配していました。

ただ、相撲部屋に入門してからは、毎日とはいえませんが、ちょっとずつ連絡が取れるようになって、安心しました。

大関にまで上がってから下に落ちたときは、彼の姿を見るのもつらくて、何回も、

「もう辞めたほうがいいよ」

と言いました。何より健康が一番なので、むくんだ脚をテレビで見て、早く辞めたほうがいいんじゃないか、と。

でも、本人は納得できていないし、いくら私が「辞めたら」と言っても辞めなかったので、

「自分を信じて、心を強くして体も治して、もう一度頑張って」

と声をかけました。とにかく自分の心の声を聴き、心を強くすることを強調したんです。

周りの親戚や友人たちも、私と同じく心配してくれていました。ひざをケガしたといえば、ひざに効くという塗り薬を探してきてくれたり、みんな何かできることはないかと、必死に手伝ってくれていたんです。

その後、もう一度活躍して大関に戻ったときは、家族とみんなで喜びました。落ちたからといって離れていく親戚や友達は、一人もいなかったのです。

病気を治して、少しずつ体力も番付も戻していきましたが、正直まさかここまで戻れるとは思っていませんでした。ひざが痛くて、糖尿病も完全に治るかわからない状態だったので、どこまでいけるか想像もできませんでしたから。でも、横綱にまでなったことは、素直にとてもうれしく感じています。

いま、ガナとはほぼ毎日電話しています。話したいことは、いつも直接本人に話していますが、常に伝えておきたいことがあります。それは、正しく生きていけばいいことが起きるので、これからも正しく生きていってほしいということ。

一人の力士として大成するだけでなく、一人の人間として、人を助けたり優しく寄り添ったりできる人になってほしいなと願っています。

両親・姉・妹と5人の家族写真。妹が生まれたばかりの頃

子どもモデルの撮影会で（一番左）

5

鳥取城北高校に入学 「どんなにきつくても人に弱音を吐くことはなかった」

２０１０年３月下旬。私は、相撲留学で鳥取城北高校に編入した。歳は３年生と同じ18歳だったが、〝新入生〟として部に迎え入れられた。

モンゴルから一緒に鳥取城北に来たのは、私を入れて四人。そのうちの一人はすぐに辞めて国に帰ってしまったが、ほかの二人が、いまの逸ノ城と水戸龍である。このなかでは、私が一番年上だったこともあって、みんなから頼られることが多かったし、私たちをスカウトしてくれた相撲部の石浦外喜義(ときよし)監督からは、

「お前が面倒を見てやれよ」

と声をかけられてもいた。

自分でも、相当な覚悟を決めて日本に来たつもりだったから、言葉を覚えることも

見たことのない日本食にも、そんなに苦労をした覚えはない。

正確に言うと、苦労した場面はあったのだろうが、そんなことを考える余裕もなかったのだ。

毎朝、起きたら1年生たちと一緒にみんなのごはんを作って、朝ごはんを食べて寮を出る。そのまま学校で過ごし、午後の3時半まで授業。4時から稽古して、ちゃんこを作って食べて帰ってきたら、もう夜の10時を回っている。次の日も朝早いので、そのまますぐ寝る。

毎日そんな生活だったから、

「この環境に早く慣れなきゃ」

「早く日本語を覚えなきゃ」

といったことしか頭にない。

つらいと感じたり、寂しいと思ったり、そんな状態になっている暇もないくらい忙しかった。

すぐに国に帰ってしまった彼は、それこそ完全にホームシックだった。道場の電話から、みんなに内緒で勝手にモンゴルの家に何回も国際電話をかけていて、その月の請求がとんでもなく高額になってしまったことがあった。そのときは、道場の電話なんかその彼しか使っていないのに、モンゴルの四人全員が呼び出されて怒られたりなんかして、

「なんで俺らまで怒られてるんだよ……」

と、すごく理不尽に思った。

少しきつい言い方になってしまうけれど、そもそもホームシックというのは、暇な人がなってしまうものなんだと思う。一人で何もすることがない時間があるから、いらないことを考えてしまう。だって、本当に毎日を必死に過ごしていたら、寂しがっている暇もないんだから。

もちろん、彼が選んだ「国に帰る」という選択が悪いわけではないし、来るときはちゃんとやるつもりで来ていたと思う。ただ、ここまできついとは思っていなかったのだろう。

私の場合は、やっぱり相撲で大成したいと思っていたので、どんなにきついことも理不尽なことも覚悟して来た。

だからこそ、何事にも耐えられたのだ。日本に来る前に決めた覚悟が、それだけ大

きかったのだと自負している。

覚悟が決まっていたから、人に弱音を吐くことなんてなかった。ましてや離れて暮らしている家族になんて、わざわざつらいことなど話しもしない。稽古がきついのも、異国の地での生活に慣れないのも、そんなこと最初からわかって来ているんだ。なのに、なんで弱音なんか吐くのか。さっぱりわからない。


鳥取城北は相撲の名門校で、日本国内でもさまざまな地域から人材が集まっている。全員が寮で暮らしているから、親元を離れているのはみんな一緒だった。

どうやら周りは、家族にも、

「きつい」

「稽古がつらい」

なんて言っていたらしい。

石浦監督が、モンゴルから来ている生徒たちの親の集まりを主催してくれたのだが、そこで私のお母さんは、周りの子が「きつかった」と親に話していたことを聞いて、それで初めて、

「あなたもそんなにつらかったの？」

と聞いてきた。

でも、弱音なんて、第三者に、ましてや何もなくても常に心配してくれている親に対して、言うものじゃないだろう。それを吐き出したところで、つらいという状況は変わらないんだから、言ったって仕方ない。

毎日に必死だったら、弱音だって吐いている暇も本来はないわけだし、何かあったとしたって、結局考えてもしょうがないんだ。だったら、つらくたって無心でやるしかない。

弱音を吐いて自分がスッキリしたいなんて、そんなの甘い考えだと私は思う。

……と、なんだかカッコいいことばかり言っているが、それでも自分も、どうしても嫌だったことはある。

私は18歳だったけれど、16歳の子たちと同じクラスだった。石浦監督いわく、

「歳が上でも、最初から先輩ではない」

ということで、1年生と一緒に、ちゃんこ番やトイレ掃除などの仕事をしていた。

嫌だったのは、それで年下の子たちが偉そうにすること。モンゴルでは、年上を敬う文化なので、学年は関係ない。

例えば、私は飛び級したって、周りは歳が上だから、ちゃんと敬意を払ってきた。

だから、学年が上であるだけで、年下の子に偉そうにされると、

「なんで俺がこんなガキに怒られなきゃいけないの？」

と思うし、

「俺はいろんな経験をして、いろんなことをもう知っているんだぞ」

「お前、働いたことあるの？ 働いたこともないガキにそんなこと言われる筋合いないんだけど」

と、意地悪にマウントを取りたくなってしまうほどだった。そういう理不尽さにイライラすることはよくあった。

余談だけれど、面白いことに、偉そうにいろいろ言ってくる人ほど何もできない。だからこそイラッとしてしまう。逆に、できる人は、最初からそんな態度は取らないんだよね。

人間の質というか、そういうものが垣間見えて、勉強にはなったかな。

ただ、モンゴルで仕事をして、自分のお金で遊んでと、同じ年の子ができない経験

をしてから日本に来たのは、よかったかなと思っている。

それと、稽古は実際、本当にきつかった。以前は、相撲は簡単だと甘く見ている部分が正直あったが（俺ならできるって、自信満々で来ているからね）、実際に鳥取城北で稽古してみたら、驚くほど勝てない。みんなより体が大きかったのに、小さい人にも勝てなくて、自信をなくした時期もあった。

それでも自分は、入学当初から、石浦監督に、

「8月の沖縄インターハイに出す」

と言ってもらっていた。

ありがたいことに、期待してもらって

2010年、沖縄インターハイ団体優勝

いたんだ。

その代わり、一番しんどい稽古をさせられていた。ほかの子が休んでいてもやらされていたし、その上自分からも進んで稽古していた。


その甲斐あって、本当にインターハイの団体戦に出場させてもらった。

個人競技の大相撲と違って、アマチュア相撲の団体戦は、五人で3勝を目指して戦い、みんなで一丸となってチームの勝利に向かっていく。自分がひとつ勝つたびに、チームメイトが大盛り上がりして、雰囲気がぐっとよくなる。

団体戦は、まさに〝青春〟の二文字だ。

この大きな大会で私は全勝し、団体優勝に貢献することができた。鳥取城北にとっても、初のインターハイ優勝。チームメイトはもちろん、監督も一緒になってすごく喜んでくれた。

この結果が、失いかけていた自信を取り戻すことにつながったので、本当に頑張ってよかったと思う。

6

たった8ヶ月の高校生活「高校時代の仲間はいまも大切な財産となっている」

約8ヶ月間の高校生活では、いろんなことがあった。

力士になってからも、

「日本語はどうやって覚えたんですか？」

と聞かれることが多いが、言葉はとにかくいろんな人に聞いて覚えていった。つまり、幼い子どもが言語を覚えていくのと同じプロセスだ。

学校では、友達に、

「あれは何？」

「これ日本語でなんて言うの？」

と聞いてばっかり。

さすがにしつこいかな？と思うほどだったが、クラスメイトや相撲部の子たちは、嫌な顔一つせずに、優しく根気よく教えてくれた。

みんな、普段よく使う言葉から当時の若者言葉まで、生きた日本語をたくさん教えてくれたので、結局いま振り返ると、これが一番早く言葉を覚えられる方法だったように思う。

加えて、鳥取城北の相撲部には、モンゴル人のコーチもいる。モンゴルから来た四人でそのコーチのところにいって、たまに日本語の勉強もしていた。

ほかの外国出身力士たちは、

「テレビを見て、言葉を聞いて覚えた」

と言う人も多いが、私の場合、テレビは見ていない。なにせ、寮にテレビがなかったのだ。

鳥取城北には、当時寮が2つあって、メインの寮にはテレビがあった。しかし、自分は六人くらいともうひとつの別の寮にいて、そちらにはテレビがなかった（ちなみに、残念ながら、私がいた寮は現在はもう残っていない）。

それでも、早くこの環境に慣れたい、そのために早く言葉を覚えたいという思いが強かったからか、

「ガナが一番言葉を覚えるのが早かった」

と、周りの日本人の友達は言ってくれていた。

ちなみに、寮では逸ノ城との二人部屋だった。

体が大きい私と、それよりもさらに大きな逸ノ城。でも、自分は気性が荒くて、逸ノ城は気が優しいから、監督によく、

「ガナがもっとあいつに気合を入れてやるよう言ってくれ」

なんて言われて、

「なんでびびってんだよ」

とハッパをかけたりしていた。

みんなわかると思うけど、逸ノ城は本当に気が優しい子。相撲では、その性格が仇となることがあるから、厳しい言葉をかけることも多かったけど、そこが彼のいいところでもあるんだよね。

自分は、言葉も食文化も、特段何か苦労したことがあったわけじゃなかったと思っ

ているけれど、唯一カレーライスだけは嫌いだった。寮では、毎週日曜日がカレーの日と決まっていて、その日だけは何も食べられなかった。いまだに、見た目も味も受け付けないし、においだけでも吐きそうだ。

ただ、誤解してほしくないのは、単に自分が嫌いだというだけで、モンゴル人みんなが苦手なわけじゃないってこと。

モンゴルにもカレーはあるし、なんなら私のお母さんは、日本のカレーが好きでよく食べていたからね。

部全体として、生活のルールも厳しかった。例えば、甘いものを食べるのは禁止。飲み物は、水とお茶しか飲んじゃダメ。ま、私なんかは隠れて自販機でジュース買って飲んでたけどね（笑）。

稽古は本当にきつかったけど、普段の生活はみんなでワイワイ楽しかった。特に、一緒にモンゴルから来ていた四人では、自転車でいろんなところを見て回ったり、鳥取なので砂丘に行ったり、本当はダメなんだけど、インターネットカフェに行ってみたりもした。それがバレちゃったときは、モンゴル人のコーチにめちゃくちゃ怒られて、１時間も腕立て伏せをやらされたっけ。

部を離れても、私は基本的に誰とでもみんなと仲良くできていた。クラスメイトのなかでは、いまも交流がある子もいる。ひとり、接骨院の先生をやっている子がいて、たまにマッサージをしてもらっている。

名古屋の食品会社で働いている子もいるし、コロナになる前は、クラスの子たちを何人か集めて食事をすることもよくあった。

そうやって、高校生活を共にしてきた仲間とは、年上も年下も関係なく、結構つながっている。

相撲をするために来た鳥取城北高校だったけれど、こうした貴重な友人関係を築けたことも、私にとっては大切な財産となっている。

8月のインターハイで団体優勝を果たした後、私の相撲人生が大きく動いた。

横綱・白鵬関から、

「入門できる部屋が見つかったよ」

と、連絡をいただいたのだ。

角界には、「外国人力士は各部屋に一人まで」という決まりがあるから、それをクリアできる部屋で入れてくれるところはないか、白鵬関はずっと探してくれていた。

クラスメイトと。プロ入りが決まってみんなで見送りをしてくれたとき

そこで見つけてもらったのが、当時の間垣部屋だった。

私にとっては、願ってもないチャンスだ。そのまま無事に12月には間垣部屋への入門が決まった。

ビザの関係で前相撲は3月以降になったが、2011年の3月場所は、八百長問題で中止になってしまったため、5月場所で前相撲を取ることになった。


こうして、私の高校生活は約8ヶ月で幕を閉じた。

青春の1ページを共にした仲間とも別れを告げ、いよいよ〝角界〟という大きな門をくぐることとなる。

鳥取城北高校相撲部・石浦外喜義監督が語る「教え子」照ノ富士

「〝絶対負けない〟強い気持ちがチームメイトを勇気づけた」

照ノ富士と初めて会った場所は、モンゴルでした。彼を目当てに行ったわけではなく、15歳くらいで素質のいい子を見つけようと思って、スカウトのためのセレクションに行ったときです。

彼はもう17歳くらいでした。年齢のことがあるので難しいかなと思ったんですが、少しでも頑張る子を連れて行きたいという思いがあったのと、照ノ富士にはどうしても日本に行って相撲を頑張りたいという強い意思があったので、この子を連れて行こうと決めたんです。照ノ富士のほかに、逸ノ城と水戸龍も一緒に来ました。

最初に彼を見たときは、大きいなあと思いました。寮のベッドも、普通よりは大きいんですが、それでも狭いかなと心配したほどです。相撲はまだまだだったけど、負けるとしたら寄り切りや押し出しで、土俵際で転がって負けることのない男でした。私は、基本的にどんな子でも全員が頑張れる場所にしたいと思っていますが、この子は磨いたら光るなと思いました。

照ノ富士は、高校3年生の歳で編入してきましたが、〝新入生〟には変わりないとして、1年生と一緒に仕事をこなしてもらいました。私は、ただ真面目に取り組むだけではなくて、やるべきことを自分からやるようにと、口酸っぱく言っていました。それによって、稽古も自分から進んで、追い込んでできるようになるからです。


照ノ富士だけでなく、モンゴル人の子たちには、

「私の前でモンゴル語をしゃべるな」

「日本語で話しなさい」

と指導していました。

「そうやってモンゴル語で俺の悪口言ってるんだろう」

って、冗談なんか言ったりしてね。モンゴルの子たちは、

「いま俺が言ったこと、わかったか」

と聞いても、

「はい」

と返事だけして実はよくわかっていない子も多かったのですが、照ノ富士は、言われたことをしっかりとわかっていました。彼はすごく賢かったので、日本語

も早く覚えてくれたんです。彼は、もし大相撲の世界に行っていなかったとしたら、実業家など、勉強の面でも成功したかもしれないですね。

照ノ富士のことで印象的なのは、とにかく相撲部以外の子たちとも仲良くしていたこと。クラスの子が、みんなでじゃれて彼の腕にぶら下がったりしていましたね。クラスメイトは照ノ富士より年下だったから、みんなに頼られて。じゃれられても怒らないんで、みんなが寄り添っていた。だから、人間関係の心配は全然ありませんでした。

相撲の力も頭ひとつ抜けていたので、

その年の沖縄インターハイの団体戦で使うぞと、最初から話していました。何をしても強かったけど、唯一、当たりの強い子に立ち合いでやられてしまうのだけを心配していました。

沖縄インターハイ当時は、彼を使わなくても強い子はそろっていたので、彼は〝秘密兵器〟として置いておきました。当時は、埼玉栄や金沢市立などが強かったのですが、栄にはいまの北勝富士がいて、彼は高校横綱をとっていました。でも、照ノ富士を後ろに置いておいたら、みんな、

「あれは誰だ」

「あいつ、いつ出てくるんだ」

って、ざわざわしていましたよ。

2回戦で栄と当たって、そこから照ノ富士を使いました。栄の相手は、必ず河津掛けをかけてくる子だったので、

「相手の河津掛けにちゃんと気をつけておけ」

と、意味がわかっているのかなと思いながら声をかけました。でも、そう言うと、

「大丈夫っす！」

って言うんです。ここはどうしても勝ってほしかったので、私も何度も言ってしまったんですが、結局照ノ富士がぶん投げて、相手はどうにもならなかった。これで、私もほかのメンバーも、すごく自信になりました。たいしたもんだなと思いましたね。

結局、栄相手に4－1で勝利。その後、決勝までで4回彼を使ったんですが、試合を重ねるにつれて、どんどん強くなった。結果、決勝戦も勝って、鳥取城北としてインターハイで初優勝しました。

大会後、ホテルの温泉で汗を流して、プールサイドでバーベキューをしました。みんなでプールに飛び込んで、ホテルの人に「やめてください」なんて怒られたりもして。それまで、インターハイではいつも2位、3位で涙を呑んできて、やっとつかんだ優勝だったので、本当にうれしくてね。いい思い出です。

あのときの、

「絶対負けない」

という彼の強い気持ちが、ほかの子た

ちを勇気づけてくれました。しかし、この大会が、彼にとって最初で最後の全国大会になりました。高校で3年間やってからプロに行ったら、もっと早く関取に上がっていたかもしれません。逸ノ城がそうでしたからね。

プロに行ってからは、もっとすぐに上がると思っていました。伸び悩んだ時期もあったし、体もしぼんでいたので心配していました。ただ、途中で部屋が変わって、自分より強いお相撲さんがたくさんいる部屋に行ったのは、彼が闘志を燃やすタイプなので、よかったんだろうと思っています。横綱・日馬富士関もいたし、安美錦関、宝富士関、誉富士関と役者がそろうなかで、もまれて鍛えられて、厳しい部屋で頑張れたのがよかったですね。

あるとき、

「伊勢ヶ濱は稽古が厳しいだろう」

と言うと、にやりと笑って、

「先生、城北が一番厳しかったですよ」

なんて言われました。

時々連絡するなかで、

「よく、相手に2本差される場面があるけど、あれはどうなの?」

と聞いたら、本人にとっては、それも想定内なんだそうです。

「両腕を差されても、自分でほどくなり、うまく対応するように体ができています」

と言っていたので、たいしたもんだなと。見ている周りがヒヤッとしても、自分は慌てない。客観的には危ないと思うのに、本人にとってはまだ大丈夫なんですね。

これは、いまのうちの高校生にも教えていることです。自分で慌てて、やばいと思ってひっくり返ると、ケガにつながります。だから、差されたらどう対処していくかを覚えること。照ノ富士は、もうそういうことをしっかりと頭に入れながら取り組んでいるなと感じます。自分でちゃんと考えているし、精神力も強い。そこが彼のすごいところです。

彼は、よく、

「緊張しない」

って言いませんか。でも、私からすれば、緊張していないのではなくて、緊張はしているけれど、その緊張をうまくエネルギーに変えているんです。本当に緊張していなかったら、力が出ませんから。適度に緊張しているからこそ集中力があるし、それがエネルギーになって燃えてくる。だから、たいしたものなんです。

大相撲も、近年はアスリート的になってきています。大型化してきているので、ケガも多い。照ノ富士にとっては、稀勢の里関がポイントでした。稀勢の里関にとっても、自分が上がっていくときの一番のポイントは、照ノ富士だったんじゃないでしょうか。稀勢の里関が優勝したときは、本割でも決定戦でも勝っていますから。その後、照ノ富士がひざをケガして落ちていった。そんな因縁があります。

彼は、よっぽど努力して頑張ったんだろうと思うし、奥様の力も大きかったんじゃないかなと想像しています。私は、ケガなどで〝同情されたときが終わり〟と子どもたちにいつも言っているので、照ノ富士にも、

「悔しかったら頑張れ」

と言いました。

「あのケガがあったからこそいまの自分があると言えるような男になれ」

と。

ケガをしても、それに打ち勝っていくこと。それには最高の治療をしていけばいいのです。治せば、また目指すものが出てきますから。

彼には〝引退〟などという言葉は言わず、ただ、

「しっかり治せよ」

と声をかけました。

気力がなくなれば引退だったかもしれませんが、どこかでスイッチが入ったんだろうなと思います。そのスイッチとなったのは何か、それは本人からも聞いていません。ぜひ、いつかうちの学校で講演してほしいし、そこで聞いてみたいです。子どもたちにとっては、彼の話か

石浦先生と奥様と

ら学ぶものは大きいでしょう。

横綱昇進に伴い、学校では「祝73代横綱照ノ富士関」の横断幕も掲げて、大盛り上がりでした。さらに先日、本校の後援会から、新横綱へ日本刀を贈呈しました。室町時代の備前国長船、祐定刀匠のものです。

これからは横綱として、いままで以上に気を引き締め、角界をリードする立派な力士になっていってもらいたい。そんな思いを込めています。

とはいえ、私にとっては、いつまでも可愛い教え子の一人でもあります。これからも気軽に帰ってきてほしいですね。これ鳥取で、いつでもお待ちしていますよ。

7

間垣部屋から伊勢ヶ濱部屋へ「もっと強くなりたいと願った瞬間自分からやる稽古に変わっていった」

白鵬関が見つけてくれて、私が入門した間垣部屋は、親方を入れても七人くらいしかいない、小さな部屋だった。

第56代横綱・2代目若乃花の間垣親方は、私が入門する4年ほど前に病に倒れ、部屋での指導は満足に行えていなかった。そのため、面倒を見てくれたのは、当時十両だった若天狼関や、のちに私の付け人を務めてくれることになる中板さん（駿馬）をはじめとする兄弟子たちと、部屋に所属する呼出しの大督（だいすけ）さん（照矢）だった。

私が入門した当初は、日本も角界も大変な時期だった。2010年からは野球賭博問題が、そして2011年に入ると、八百長問題が発覚。私が初土俵を踏む予定だった3月場所は、八百長問題のため中止となってしまった。本場所が中止になるなんて、戦後初めてのことだったそうだ。

そんななか、3月11日には東日本大震災が発生。東北を中心に、日本は大変な被害に見舞われた。3月場所はもともと中止だったが、もし通常開催だったら大阪にいたはずだった。だとしても、この地震の影響で本当に開催できていたかどうかはわからない。

「技量審査場所」と称された5月場所で、私はようやく前相撲を取った。無事に2勝を挙げ、翌7月場所で序ノ口デビュー。ところが、早くもここで、アマチュアとプロの力量の差を感じることとなる。

インターハイの団体優勝を機に自信がつき、しばらくは堂々とした相撲を取れていた私。しかし、序ノ口の最初の相撲で、まさかの黒星を喫した。しかも、なんと勇み足で、だ。

せっかくのデビュー戦で勝てなかったことは、非常にふがいなかった。

その場所は、結果的に5勝2敗で勝ち越し。以後、序二段・三段目をそれぞれ1場所で通過し、勝ち越しを重ねて1年で幕下上位にまで番付を上げることができた。ここまでは結構とんとん拍子だ。

しかし、幕下上位で伸び悩む。デビューから1年で幕下15枚目まで来たはいいが、その場所で初めての負け越しを経験した。それにとどまらず、さらに翌9月場所は2勝5敗。2場所連続で負け越してしまったのだ。

いま思えば、当時は満足のいく稽古ができていなかった。師匠が病気でいなかったことや、稽古相手が駿馬さんと若青葉さんの二人だけと少なかったことも要因ではあるが、この頃は明らかに自分が稽古をサボっていた。その生活態度の悪さや稽古量の少なさが、土俵での結果にはっきりと表れたのだ。

さすがに、

「このままじゃやばいな」

と思った。そこから、気持ちを入れ替えて、しっかり稽古するようになった。

気持ちを切り替えられたのは、単純に、遊んでばかりで強くなることはないなと思ったから。当時は、まだ二十歳そこそこ。調子がいいと、つい調子に乗ってしまう、そんな歳でもあった。駿馬さんや照矢さんが、そんな自分を戒めるように、生活のことで厳しくしてくれていたが、当時は不満や反発の気持ちが正直大きかった。

入門した直後。駿馬さん、若天狼さんと

逆に、調子が悪くなって苦しくなると、やっと頑張らなきゃと思える。そんなことの繰り返しだった。いまでこそ、また同じことを繰り返したらもう終わりだと思ってやっているけれど。

2場所連続の負け越しを経験し、心を入れ替えて稽古に励んだ後は、3場所連続で勝ち越した。ところが、2013年3月場所をもって、間垣親方は部屋を閉鎖することを決めた。自らの定年退職まで5年を残していたが、体調を考えてのことだった。

私たち力士三人と、呼出しの照矢さんは、そろって伊勢ヶ濱部屋へ移籍することになった。

元横綱・旭富士の伊勢ヶ濱親方率いるこの部屋は、稽古量が多く、厳しいことで有名だったから、最初は正直、移籍するのは嫌だった。実際、移籍直後は稽古が本当につらかった。

いままでは、駿馬さんと若青葉さんの二人とだけ稽古して、たまに大嶽部屋に出稽古に行く程度。三人でやる稽古なんて、量もたかが知れている。それが、移籍した途端、稽古量が3〜4倍に増えたのだ。

厳しいのは親方だけじゃない。兄弟子たちも厳しい。とにかくみんなから厳しく稽古された。この頃は、正直〝やらされている感〟が強かった。

ところが、若さもあってか、日に日に自分が強くなっていることを感じ始めた。いままでにはない、不思議な感覚だ。昨日の稽古でできなかったことが、今日できている。大げさじゃなく、寝て起きると強くなっている、そんな感覚を得ていた。

もっと強くなりたい――。

そう心から願い始めた瞬間から、日々の稽古は〝やらされている稽古〟ではなく、

〝自分からやる稽古〟に変わっていった。

当時の稽古内容はというと、1日に120~130番、ぶつかり稽古30~40分なんて当たり前。照強なんかは、日に180番くらいやっているときもあった。朝7時から稽古が始まり、長いときは昼の12時半くらいまで続くこともあった。

土俵で相撲を取っていないほかの力士たちも、土俵横で常に動いていなければならない。少しでも休むと、親方の怒号が飛んでくる。

私なんて、大関に上がってからも〝かわいがられ〟ていたからね。厳しい稽古量をこなすのに、番付は関係なかった。

稽古が終わったら風呂に入り、昼過ぎからちゃんこを食べて寝て、夕方4時からは筋トレ。とにかく、うちの部屋は親方が怖いから……。やっぱり部屋に一人脅威の存在がいるっていうのは大事なこと。そういう意味でも、いい環境だと思う。

こうして、想像を絶する稽古量をこなすようになった結果、移籍して2場所で関取になり、新十両の場所では12勝3敗の好成績で、いきなり十両優勝を果たすことができた。その後、十両3場所目の2014年初場所では、筆頭で12勝3敗。文句なしで新入幕を決めた。

この頃は、

「もうちょっとしたらこの番付にいける」

「またもうちょっとしたらさらに上にいける」

そう思えて本当に楽しかった。移籍直後はあんなに嫌がっていたのに、半年くらい経った頃には、

「この部屋でよかった」

と心底思っていた。

同時に、間垣部屋時代からずっと自分に厳しくしていた駿馬さんと照矢さんの〝兄弟子心〟みたいなものも、移籍してからようやく理解することができた。それまでは、

「なんで俺のほうが番付は上なのに、いつまで経っても怒られなきゃいけないんだよ」

と、心の中でぼやいてしまうことも多々あった。

でも、そうじゃないんだ。伊勢ヶ濱部屋の若い衆と、彼らを指導する兄弟子たちの姿を見て、やっとわかった。二人は、自分のために、わざと厳しく育ててくれていた

んだ。

関取になってから、私の付け人を務めるようになってくれた駿馬さんには、「あのとき、中板さんに厳しくしていただいて、本当によかったです」と、すぐに伝えた。駿馬さんは、なんだかうれしそうな顔をしていた。

照矢さんとは、なかなか話す機会がなかったが、ある日、照矢さんが車を出してくれることがあり、ふと二人きりになる瞬間があった。

私は、後部座席から声をかけた。

「いままで、俺は中板さんと大督さんのことが嫌いでした。でも、二人は全部自分のために言ってくれていたんだとわかりました。その節はありがとうございました」

運転席に座っていた照矢さんは、後ろ姿だったから、どんな表情をしていたかまではわからない。

でも、これを機に、照矢さんとの距離も一気に縮まった。

ただし、だ。なんだかいい話になっているが、この頃もまた、とんとん拍子で上がっていって、調子のいい時期だった。勘のいい読者の皆さんなら、当時の俺がどんなだったか、少し予想できるんじゃないだろうか。

多くの力士は、どんなに上の番付に行ったって、

「十両昇進を決めた取組は忘れられない」

「新十両を決めた場所はいまも印象に残っている」

なんて、いつまで経ってもしみじみ言うもの。

でも、俺にとってはそんなものじゃないんだ。なぜかって？ 新十両が決まった瞬間は、親方に怒られて外出禁止になっていたからだよ（笑）。

もちろん、取組そのものは覚えている。２０１３年の名古屋場所で、十両・千代嵐との入れ替え戦だった。私はただ、力に任せてぶん投げた。それだけだ。まったく印象には残っていない。

その前日、もちろん親方には内緒で、名古屋の街に飲みに繰り出していた。すると、朝になって親方から、

「お前！ 昨日外で遊んでたらしいじゃねえか！」

と、電話で激怒されたのだ。なぜバレたのかは、自分でもいまだにわからない。こ

の巨体を小さくして、

「すみません、すみません」

と、電話口でただひたすら謝るしかなかった。

とにかく、それでその日は相撲どころじゃなかった。場所に入っても、

「親方、どこにいるんだろう……」

と思って、捕まらないようにあちこち逃げ回っていた。

せっかく勝って新十両が決まったというのに、それしか記憶にない。親方のことを考えるので精一杯だったから、取組後、記者に囲まれたかどうか、それすらも覚えてない。

宿舎に帰った後、夜は親方から延々説教。そのまま1ヶ月間の外出禁止を言い渡された。

自業自得だが、そんなわけで、せっかくの新十両昇進決定は、私にとってまったくいい思い出ではないのである。

元若天狼・上河啓介さんが語る「弟弟子」照ノ富士

「経験を糧にしていける賢い人間でありいい男である」

角界には〝各部屋で外国人力士は一人まで〟という決まりがあります。つまり、外国人で力士になる時点で、ある程度素質があるということ。

照ノ富士が間垣部屋に入門してくるときは、相撲留学で鳥取城北に来て、インターハイで団体優勝しただけでなく、その大会で負けなしだったという情報も、事前にありました。

実際会ってみたら、背も高いし、強くなるだろうなという印象で、真面目にやれば、すぐ駆け上がってくるだろうという感じでした。

接してみて、優しい子だなと思いましたね。短期間、稽古もつけましたが、一生懸命やっていました。

当時の間垣部屋は閉鎖直前で、五〜六人しかいませんでした。僕が入った頃みたいに、30人以上が一緒に生活して、上下関係がすごく厳しいという感じではもうなかったのですが、彼は部屋の仕事も真面目にやっていたと思いますよ。

一緒にいたのは数ヶ月だったけど、僕が引退した後も、

「勝ち越しました」

などと連絡をくれることもあって、ありがたいなと思っていました。その優しい気持ちがうれしいじゃないですか。部屋の移転後も、誘い誘われ、たまにごはんに行っていました。そのときは、まだ駿馬も一緒でしたからね。

とにかく、気にしてくれているっていうのが一番ありがたいです。間垣部屋からは、いままで幕内優勝した力士も、三役以上になった力士もいません。いまでこそ伊勢ヶ濱部屋の力士ですが、気持ちの面でも、そこに携われていることはありがたいし、彼も気にしていてくれているので、うれしいです。

入門したての頃の照ノ富士に伝えたのが、

「強くなっても、偉くなったと勘違いしちゃダメだよ」

ということでした。

お相撲さんは、関取になったら、昨日まで自分が誰かのお世話をしていたのに、突然付け人がついて化粧まわしももらって、と急に生活が一変します。しかしそれは、関取というシステムに則っている

だけです。つまり、ただ相撲で強くなっているだけなのに、まるで偉くなった気になってしまう。そのことに、早い段階で気づいていないといけません。

偉くなった気になると、また番付が下がったらどうなるのかも含め、自分自身がブレてしまいます。その立場で仕事をして、ルールに従っているだけで、偉いかどうかではないのに、どうしても〝上下〟になってしまう。すると、歯止めがきかなくなって、周りに人がいなくなってしまうんです。

角界に一生いるなら、まだそれでもいいけれど、その考えのまま相撲界を離れたら、本当にどうするのか。特に、角界を離れて思いますが、そういうことを理解できていれば視野が広がると、僕は思っています。

人間なので、失敗もいろいろあっていいけれど、どこで気づくかが大事です。お金がもらえるようになったら〝プチ贅沢〟として、いつも食べていた牛丼に卵をつけたくなる。金銭感覚の乱れは、その延長なんです。適切な金銭感覚を身につけていたほうが、人間的な魅力も出てくると思います。

お相撲さんや親方衆は、本当に多くの人と付き合いがあるので、さまざまな言葉自体は聞いたことがあっても、それらをどこまで体感して気づいているかはわかりません。こういったことを理解していくことで、今後も同僚や応援してくださる周りの方々からも慕われるんじゃないかと思いました。

僕自身も、十両でケガをして序二段まで落ちて、また十両に上がった経験があります。地位の上がり下がりは照ノ富士と随分違いますが、ケガの苦しみは多少なりともわかってあげられるつもりだったので、無責任に聞こえるかもしれませんが、あのときは、

「頑張れよ」

としか言えませんでした。

周りから言われるだけでは、今後のことも決めきれないので、自分でどう決めるのか。酒やたばこと一緒で、人に「やめたほうがいいよ」と言われているうちはやめられないけれど、自分で本当にこれはダメだと思ってやめる決心ができたらやめられるもの。いくら周りがもう一度頑張れと言っても、自分の気持ちがついてこなければ、やる気にはなれないだろうと思ったんです。

一度、うちに来て駿馬と三人で話したこともありました。

最初は、もう辞めるとしか口にせず、

「もし横綱になっても、これまでモンゴル人横綱は、朝青龍関も白鵬関も鶴竜関も日馬富士関もいたし、あまり価値があるかわからない」

なんて言っていて。いまはそんなことは思っていないでしょうが、そのときは

気持ちも落ち込んでいるので、卑屈になるのもわかりました。でも、

「やるだけやってみて少しして考えたらいいよ」

「すぐに辞めるっていう結論を出す話じゃないから」

と言って、止めはしました。そのときは、納得している様子ではありませんでしたが、時間が解決してくれたと思います。徐々にケガがよくなって、相撲が取れるなと思えたら、少しずつ気持ちも前向きになりますから。

心が前向きになれないときは、体を鍛えておくことが大切なので、

「トレーニングするなら手伝うよ」

と声をかけたりもしましたね。気持ちが乗らないからといって、トレーニング量をゼロにしてしまうと、せっかく気持ちが乗ってきたときに体がついてこなくなってしまうからです。

彼もきっと、少しずつはやっていたんじゃないでしょうか。


二度目の大関のとき、彼の取材記事を見て印象的だったのは、

「横綱には、なって当然。目指してやっているんだから」

といった発言です。目標として目指しているのであって、横綱を目指しているのは、大関だって序ノ口だってどの地位の力士もみんな一緒だと。

「みんなが横綱を目指しているんだか

間垣部屋のみんなで

ら、上がる直前だから緊張するとか、そういった気持ちのブレはないです」

そうかあ、なるほどと思いました。

これまでも、最初から〝目標は横綱〟と思ってやっていたと思うし、復活したいまも、相撲に対する思いはそれほど大きく変わっていないんでしょう。

その地位に上がらないとわからないこというのはあるし、ケガをしないであっさり上がった人に、ケガの苦しみはわかりません。

照ノ富士は、出世もケガも経験したことで、人間的に大きくなっていると感じます。

彼は、経験を糧にしていける賢い人間であり、いい男だと思いますよ。

8

初めての横綱戦で掴んだ手応え「頑張ればいつか勝てると強く感じるようになった」

自業自得とはいえ、残念ながら印象的ではない新十両昇進決定の一番。では、私のなかで印象に残っている最初の一番はというと、初の横綱戦となった鶴竜関との対戦だ。

2014年9月場所。当時、自己最高位の前頭筆頭で迎えた場所だった。

まず、初日で大関・琴奨菊関と対戦した。このとき、私は相手をいなして勝った。

すると、勝ったにもかかわらず、帰ってきて親方にものすごい剣幕で怒られたのだ。

「せっかく大関と対戦できるチャンスで、何をやっているんだ!」

「自分の力を試すんじゃなく、勝ちにこだわりやがって」

「お前も、もっと上を目指したいんじゃないのか！」

はっと目が覚めた。その通りだ。

勝ったからそれでいいと思っていた自分を反省し、次の日に備えた。

そんなことがあった翌2日目に、横綱・鶴竜関と対戦した。前日の親方の言葉を胸に、今度こそ全力で、相手に向かっていこうと思った。

立ち合い。当たると同時に横綱の右腕を抱え、そのままもろ差しになった。必死に腕を抜こうとする横綱。すると、横綱の右腕だけが抜けて、そのまま万歳する形になったのだ。有利な体勢に持ち込んだ。

ところが、そこからなかなか寄れない。思わず焦りが出た。

慌てて前に出ていったその瞬間。横綱が、万歳になった右腕で私の首を抱え、うまく体をかわしながら首投げを打った。巧妙な技術に、私は前に落ちてしまった。

こうして、初の横綱戦は黒星で終わった。では、負けたにもかかわらず、なぜこの取組が印象に残っているのか。

横綱はそれまで、まさに雲の上の存在だったため、まったく歯が立たないだろうと思って土俵に上がった。ところが、思ったよりいい相撲が取れてしまったのだ。

「もしかしたら、自分のほうが強いかもしれない」

「次はいけるんじゃないか」

そんな感覚まであった。

この場所としては、6勝9敗と負け越してしまったが、一度目の大関に上がるまで、負け越した場所は、幕下での2場所と、この場所しかない。本当にこの一番が私の新たな自信につながった。


ただし、これ以降の横綱戦に対して、あまり特別な思いはない。なぜかというと、初めて鶴竜関と当たった当時から、このまま頑張ればいつか勝てるんじゃないかという思いがあり、番付が上がるごとに強くそれを感じていたからだ。

例えば、幕下だったときには十両、十両に上がったら幕内と、番付が上がるごとにその上の番付が身近な存在になってくる。目の前の目標を一つ一つクリアし、段階を踏んでいっていたから、その頃には、

「もうちょっとでいける」

という感じで、その一番が横綱戦だからどうという、特別に思うことはなかったの

だ。

しかし、上の存在がいるからこそ、〝もうちょっとで〟という思いで稽古に励めるし、本当にいい目標にはなっていた。例えば、十両なのにいきなり、

「もうすぐ横綱になれるぞ」

なんて思う人はいないと思う。力士人生を通した長期目標として設定することは必要だが、だからといって目の前のことを忘れてはならない。

このときは、横綱のこともただの番付としか思っておらず、なってみてから感じる責任感も、なったことがないからもちろんわからなかった。ただがむしゃらに、

「横綱だろうが誰だろうが、絶対に勝ってやる」

という気持ちで、日々稽古を積んでいた。

結果、初対戦から1年後の9月場所で、鶴竜関には初勝利（通算成績は4勝7敗）。その後、稀勢の里関や白鵬関にも、数度に一度勝てるようになっていった。

9

優勝できたのは一人の力じゃない「最高の仲間に囲まれてみんなで頑張ることがうれしかった」

厳しい親方を筆頭に、伊勢ヶ濱部屋では連日、充実した稽古ができていた。

大酒飲みだった私は、タニマチとの付き合いもあって、連日のように朝まで飲んでいたけれど、どんなに二日酔いでも、朝の稽古場で親方の顔を見ると、もうビビっちゃって（笑）、酔いなんて一気に醒めてしまっていた。おかげで毎日しっかり稽古できていた。

それに、当時はそうそうたるメンバーの兄弟子たちが、みんな私を強くさせようと、稽古をつけてくれていた。

言わずと知れた、横綱・日馬富士関。協会の看板力士だったことはもちろん、部屋頭としても、みんなを引っ張っていく存在。スピードのある強い相撲で、たくさん稽古をつけてもらった。

細かい技術は、技巧派でベテランの安美錦関が教えてくれる。押し相撲で徹底してやってくれるのは、誉富士関。力強い四つ相撲を取る宝富士関に、体が小さくて動きのいい照強がいる。

ただでさえ、あれだけの稽古量をこなすのに、横綱も幕内力士も多数いるこの豪華メンバーである。正直、ほかの部屋の関取衆を見ても、誰も怖い存在にはなり得ないのだ。

例えば、ほかの部屋の大関陣に当たっても、いつも横綱が隣で稽古しているから、大関陣が怖くなることはない。ベテランの安美錦関がいるから、年が離れている先輩がいても、「アミ関よりは全然」と思える。そういった、気持ちの面での心強さも大きかった。


新入幕からちょうど1年後の2015年3月。その前の場所は2枚目で8勝だったが、三役陣の多くが負け越し、番付運の良さもあって、新三役を関脇で迎えた。

この場所は、14勝1敗で横綱・白鵬関が優勝。私は、13勝2敗の成績で準優勝を果たし、殊勲賞・敢闘賞も受賞した。

さらに翌5月場所。初日に黒星を喫するも、最終的に12番勝って、まさかの初優勝を遂げ、大関昇進を手にした。本書の冒頭のエピソードだ。

そこから、体感としては、横綱一人、大関一人（自分）、三役二人が率いる伊勢ヶ濱部屋の誰かが優勝するか、横綱・白鵬関が優勝するかという様相となった。

日馬富士関が優勝するときは、部屋のみんなで白鵬関を倒しにいくし、自分が優勝できそうなときは、みんなが白鵬関を倒しにいく。もちろん、みんな自分のことで精一杯で、そんなふうには思っていないとしても、結果としてそうなってくるのだ。

自分がほかの部屋の力士と競っていると、自分の部屋の誰かがその人を負かしてくれる。そんな気持ちになれていたから、精神的な面では有利だったかもしれない。

一人一人、自分の成績を気にして毎日必死に取っているけれど、結果的に全員の頑張りがつながっている。最初の大関の時代は、そんな好循環があった。

その後、２０１７年11月の日馬富士関の引退で、いままで以上にみんなで励まし合うようになった。

安美錦関と誉富士関は２０１９年に引退して、それぞれ安治川親方と楯山親方を襲名。二人とも、現役の頃は自分のことで精一杯だったけれど（当たり前だよね）、親方になって、さらに親身にたくさんアドバイスをしてくれるようになった。

宝富士関は、私より年上だけれどいまも力強く、私たちに稽古をつけるために、自分がケガをしていても胸を出してくれる。引退した安治川親方も、いまでもまわしをつけて胸を出してくれるし、相撲を取りたいときは、楯山親方が動いてくれて稽古できる。

逆に、自分が胸を出す稽古をしたいと思えば、小兵の照強や翠富士に当たって動いてもらい、速い動きに対応できるような稽古もできる。同じく、若手の錦富士は、左四つでバチンと当たって動いてくれる。こうして、みんなが自分のために頑張ってくれているし、自分もみんなのために頑張っている。


先に書いてしまうが、2020年の7月に私が復活優勝したときは、照強が大関・朝乃山関に見事な足取りで勝って、援護射撃をしてくれた。前日から、

「自分、明日やってやりますから、大関優勝してください」

って、自信満々に言っていたんだ。

その日は、部屋のみんなにとって、すごく大事な日だった。

幕下だった錦富士は、勝てば十両昇進。十両で苦しい戦いが続いていた翠富士は、勝てば十両残留。照強は、私への援護射撃もそうだが、何より自分自身の勝ち越しが

かかっていた。

朝、みんなで、

「今日は、それぞれにとって、生活が変わるくらい大事な一番だぞ」

という話をして、気持ちを奮い立たせた。

そうして、見事三人とも勝った。一人一人が目の前の一番に集中したことは言うまでもないが、〝みんなで一緒に〟という気持ちは、全員同じだったと思う。

残念ながら、自分だけが負けてしまったが、結果として私も千秋楽で勝ち、優勝できた。

すると、翠富士が、

「照強関がカッコよかったので、自分も強くなって上に行って、いつか大関に援護射撃したいです」

と言って、笑顔を見せた。

彼は実際、その後本当に頑張って、好成績を残した（翌場所で11勝、さらに次で10勝の十両優勝を果たし、新入幕）。

大切な場面に限らず、普段から気持ちを高めてみんなで頑張っているため、部屋の空気は、ほかの部屋より（いや、ほかの部屋のことは、まあ知らないんだけど）、か

「チーム伊勢ヶ濱」で稽古に励み、励まし合いながら場所に臨む

なりいいと思っている。

相撲は、どこまでも個人競技だ。自分自身と向き合いながら、目の前の相手と真っ向から対峙する。そこに、第三者は入ってこない。

しかし、力士として自分が土俵に上がるまでの過程で、部屋の人が日々どれだけ自分を支えてくれているだろうか。

親方やおかみさんをはじめ、部屋のみんなは、まぎれもない「仲間」だ。仲間の大切さは、相撲界においても、もしかしたら野球やバスケットボールみたいに、ほかのチームスポーツと変わらないのかもしれない。最高の環境に身を置くなかで、私は常にそう感じている。

日本の父・山田春雄さんが語る「息子」照ノ富士春雄

「日本の縁起物に守られるように——化粧まわしに託す願い」

照ノ富士関とは、伊勢ヶ濱部屋後援会の会合でお会いしたのが初めてでした。伊勢ヶ濱親方から、間垣部屋にいたお相撲さんを三人ばかりお預かりすることになったので、

「特に、モンゴルから来た若三勝は、誰のことも知らないから、あなたが日本のお父さんになっていただけませんか」

というふうにお願いされたのです。それと、

「若三勝という四股名から、伊勢ヶ濱部屋ならではの四股名をつけたい」

とも。

親方いわく、伊勢ヶ濱部屋からはこれまで、秋田県出身の第38代横綱・照國と、63代横綱の旭富士（自分）がいるので、その二つの四股名を合わせて〝照ノ富士〟とつけたいと。

そして、親方は私にこう言いました。

「その下に、すごい名前を付けたいんですよ」

「なんですか？」

「春雄です。あなたの、山田春雄さんの名前を貸していただけないでしょうか」

その後、本人と会ったときに、このお相撲さんは性格がよくて頭がいいなと、一瞬にして思いました。そして、将来横綱になることを確信して、応援しましょうということになりました。

「横綱になるまでは、蝶よ花よの接待はしません。その代わり、横綱になったら、盛大にお祝いをしましょう」

と言いました。

私は美術商です。美術品を見るのが仕事なので、人を見る目はあるかわかりませんが、この方なら間違いなく出世するだろうと思いました。

その頃はまだ幕下で、関取になる直前でした。親方としても、その前にきちんとした四股名と名前を付けたいということだったのです。

そんなご縁でしたが、そのときは日本語も100パーセントではなかったので、私の名前をもらったことについても、四股名についても、本人はよくわかっていなかったと思います。しかし、素直な可愛い目をしている子です。記憶に新しいのは、今年5月場所の11日目、妙義龍戦で反則負けをしてしまったときです。土俵下で物言いの様子を見守りながら、審判長であり師匠の伊勢ヶ濱親方をじっと見るあの目。

「お父さん、僕はどうなるの……?」

そんな目をして、師匠のほうをじっと見ていましたよね。眉を八の字にして、不安そうに、真っすぐで素直な目をしていました。あの愛らしさは、いまも健在です。

彼を見ていて不思議なのは、ネガティブな言動がないことです。足が痛いよ、とは言うけれど、でもそれくらい。お茶目で真面目で、生まれながらの性分なんでしょうね。

美術の世界では「裏白（うらじろ）」という言い方をしますが、まさに彼は裏白のような、内面がまっさらな子です。73歳の私から見れば子どもですが、しっかりしているし、大物ですよ。

いつの日にか必ず横綱になると思っていましたので、お祝いはずっとしてきませんでした。ただ、これまでも化粧まわしのプレゼントなどはしてきましたし、彼も新年のあいさつは欠かしたことがありません。付け人や奥さん、モンゴルの友達なんかと一緒に、私のところへあいさつに来てくれます。

土俵上では、まるで作ったような怖い

表情をしていますが、お友達と私のところに来るときは、屈託のない素の笑顔でにこにこしていますよ。本当に、和気あいあいとしたお付き合いをさせていただいています。

ただ、

「あいさつとありがとうという気持ちは、大切にしなきゃダメだよ」

というのは教えたつもりです。

私が贈る化粧まわしのテーマは、神国日本と霊峰富士です。日本で縁起がいいものといえば、蓬莱山や、日の出を表す旭日、さらには松竹梅と、横綱のまわしには、必ずそういうものが入っています。

横綱は、神様ではないけれど、神に近い人という表現をします。私たちが神社で手を合わせるのは、しめ縄の外側からですが、横綱は腰に巻いたしめ縄の内側に存在するのです。

そう考えれば、まわしは結界であり、守ることや成功すること、そしてお祝いごとと神事を、私は美術商として託しているんです。

前回贈ったまわしには、松林に旭日・富士山があり、その前に贈ったものには、富士山と海と真っ赤な太陽がある。それらに守られていきますようにという願いがあります。

こういった思想は、遠い昔、大和の時代からあるものです。相撲も神事なので、そういうものを加味しながらまわしを納めています。デザインも、すべて私のアイデアです。

そして、ようやく念願かなって横綱に昇進されましたので、当初からのお約束通り、お祝いとして、今回は三つ揃いの化粧まわしを横綱に納めさせていただきました。

横綱が締める化粧まわしは、霊峰富士の図柄にしました。そして、露払いには虎と竹の図、太刀持ちには五爪の龍と梅の図をあしらっています。こちらも、私がデザインしたものです。

太刀持ちが持つ太刀は、蒔絵に菊の紋と桐の紋の図柄が入ったものを納めさせていただきました。気に入っていただけるとうれしいなと思っています。

今回の取材は、照ノ富士関ご本人が直接お願いしてくれたのでお受けさせていただきました。しかし、これまで、新聞社さん・雑誌社さんから取材の申し込みがあっても、取材を受けたことはありません。

それは、照ノ富士関のことに周りがとやかく言うものではないし、彼の実績は本人の頑張りでしかないので、私たちはただ黙ってフォローするだけだと思っているからです。

後援会は、部屋や力士のお手伝いをするにしても、お相撲さんには何も求めてはいません。力士は、何かしてもらった

日本のお父さん・山田春雄さんと千秋楽パーティーで

ら、

「ごっつあんです」

「頑張ります」

「おかげさまで」

それだけでいいのです。照ノ富士関からの見返りは、横綱になってもらうこと、ただそれだけでした。何かを求めて後援会をやるなら、やらないほうがいいと、私は考えています。

横綱から勉強させていただくことは、いまも多くあります。成功して、必ずや横綱になるというのは決めてかかっていたので、これからも応援していますよ。この本は、横綱昇進記念であり、〝座右の本〟になるといいですね。

10

相撲人生における転落のきっかけ「大ケガを負っても負ける気がせず相撲を取り続けることを選んだ」

新三役から、わずか2場所で大関に昇進し、新大関の場所は11勝4敗。2横綱・2大関に負けた4敗だったが、二桁勝利に乗せられてホッとした。

この頃も、まだ〝イケイケ〟だった私。大関になったからといって、あまり実感も自覚もなく、みんなでお酒を飲んでいる場で、ふと、

「なんかもう疲れちゃったなー」

「ちょっとそろそろ休みたいなー」

なんて、冗談でポロっと口にした。

さて、皆さんは覚えているだろうか。私のお母さんが、口酸っぱく私に忠告してい

たことを――。

そして、大関として迎えた2場所目の2015年9月場所。この場所が、私の力士人生を大きく狂わすことになるとは、私自身もまったく予想していなかった。

初日から絶好調で白星を重ねていた私。11日目には、その前の場所で負けた大関・琴奨菊関も下し、初日から11連勝を挙げた。

しかし、12日目で、関脇・栃煌山関に敗れ、初黒星を喫する。そして、運命の13日目、大関・稀勢の里戦を迎えた。

立ち合い。当たって、前に出ながら右を狙ったが、相手の得意な左四つになった。私は、左を抱えながら投げにいくが、こらえられて土俵中央に戻る。そして、稀勢の里関が体を寄せて、私の腕を抱えながら強く押し込んできた。そのとき――。

〝ポキン〟

私の右ひざが、あり得ない音を出した。とっさに、

「やばいっ……!」

と思い、自らその場に座るようにして、土俵に腰を落とした。負けたこともショックだったが、それよりもひざが気がかりだった。

なんとか立ち上がれはしたものの、右足はまったく言うことをきかない。土俵を降りたら、いままで味わったことのない、激しい痛みが襲ってきた。

小さなケガはしょっちゅうあったが、これほどの痛みはいままで感じたことがなかった。

自分の脚がまるで別物のように、ぶらんぶらんになってぶら下がっている。中では強い痛みが走っていて、力の入っていない感覚だった。

駿馬さんの両肩を借り、ゆっくり歩いて花道を下がった。情けないが、自力では到底歩けもしない。

途中、車いすを勧められたが、断った。

余談ながら、これは私の流儀のようなものだが、困難でも多少歩ける状態なのに車

いすを使うのは、カッコ悪いと思ってしまうのだ。
たとえ骨折していたって、誰かの肩を借りながら、もう片方の脚で花道を引き揚げることはできるだろう。本当に歩けもしない状態の場合はやむを得ないが、頑張れば歩けるのに車いすを使おうとする者も多くて、情けないなと思ってしまう。だから、このときも私は、車いすを断ったのだ。
このちには、やむを得ず使う場面にも遭遇するのだが、私は、これからも車いすはできるだけ使いたくないと思っている。

とにかく、そのまま病院に直行。検査をしたら、前十字靭帯が断裂していた。これをつなぐ手術を受けるには、3場所も休まなければならない。せっかく大関に上がった直後。もし休んだら、番付は幕尻まで下がってしまう。それに、手術を受けたからといって、必ずよくなる保証はない。手術をして、よくなるかどうかは運を天に任せるほかないのだという。

「なんでだよ……!」

徐々に、自分自身への激しい怒りが湧き上がってきた。なんで土俵際で無理してねばってしまったんだろう。ひざが悲鳴を上げる前に、力を抜けばよかったのに……。

この負けず嫌いな私が、負けたことへの悔しさよりも、ケガをしたことへの悔しさのほうが大きく、いままでにないくらい激しく後悔した。ケガへのショックは、それほどまでに大きかった。

少し時間が経つと、痛み自体は多少減ってきたが、靱帯が切れているため、ひざが緩くてガクンと中に入ってしまうような感覚がある。しかし、痛み止めを打てば、それでも相撲を取れないことはない。100パーセントの力が出せなくても、60〜70パーセントの力は出せる。そこまでは、努力でもっていくことができるのだ。

「こうなったら、上半身で相撲を取ってやろう」

この頃はとにかく自信満々だったため、こんな大ケガを負っても、負ける気がしなかった。治るかどうかわからない手術を受けるよりも、このまま相撲を取り続けることを、私は選択した。このときの選択が正しかったのか、間違っていたのか。それはいまでもわからない。

痛み止めを打って強行出場したが、翌日の豪栄道戦では、あっさり寄り切られて黒星。千秋楽の鶴竜戦では、単独トップだった横綱を寄り切って勝利をもぎ取り、決定戦に持ち込むことができた。

しかし、やはりこの爆弾を抱えて、日に2番取るのはきつい。決定戦では、横綱に上手出し投げで敗れ、2度目の優勝とはならなかった。

ただ、ケガをおして出場していることがわかっている館内のお客さんは、みんな、

「照ノ富士ー!」

「頑張れ照ノ富士ー!」

と、私を応援してくれていた。

二人の人間が顔を合わせて戦っているのに、場内には自分への声援ばかりが聞こえるのだ。鶴竜関は、さぞかしやりにくかっただろうとは思うが、そのときの様子はとても印象深い。

場所後の精密検査で、「右ひざの前十字靱帯損傷・外側半月板損傷などで1ヶ月の

加療を要する」との診断書が下され、秋巡業は休場した。

手術をしないまま出場した、翌11月場所。初日から勝ったり負けたりを繰り返し、なかなか勝ち越しにたどり着かない。

しかし、13日目の鶴竜戦で、はたきこんで勝利。7勝目を挙げた。あとひとつで勝ち越しだ。

翌14日目は、日馬富士関と優勝を争っていた、白鵬関との一番。自分の勝ち越しがかかっていたのはもちろん、部屋の先輩である日馬富士関に援護射撃もしたかった。

立ち合いからがっぷり右四つ。組み合ったまま、互いに引きつけ合い、寄り合い、大相撲になった。

1分以上が経過したところで、私が横綱をぐっと引きつけ、そのまま土俵の外に寄り切った。この大きな1勝に、館内が大きく沸いた。

千秋楽も琴勇輝関に勝利し、結果9勝6敗で場所を終えた。しかし、15日間通して、右ひざをかばって相撲を取っていたため、今度は負担のかかっていた左ひざの半月板を損傷。ついに、両ひざ共にケガを負ってしまったのだ。さすがの私も、「限界」の二文字が頭の中に浮かんでは消えていた。

そんななか迎えた、翌2016年初場所。両脚の言うことがきかないなか、3勝1敗となんとか白星先行で来ていたが、4日目、ついに上半身にも亀裂が走った。碧山関を寄り切った際に、右の鎖骨を骨折してしまったのだ。5日目の旭秀鵬戦では、右腕はまったく使えないまま、あっさりと寄り切られてしまった。

これまで、脚が悪くても上半身で相撲が取れると思ってやっていたが、その上半身までもが悲鳴を上げたことで、6日目から休場を余儀なくされた。

カド番になることに不安はあったが、これを機にしっかり休んで、ケガの治療に踏み切ることにした。まずは、右ひざをかばってケガをした左ひざをどうにかしようということで、1回目の手術を受けた。

ここから、2016年、2017年は、ケガに苦しめられながら、だましだまし土俵に上がり続ける2年間となる。

11

あの琴奨菊戦の真実「目の前の白星のために必死にやったことだが謝りたい」

両ひざに大ケガを負い、鎖骨まで折れて場所を休場。半月板を損傷した左ひざを手術し、その間に鎖骨もよくなってきて、少しずつ稽古を再開していた。

2016年の1年間は、大きく負け越して次の場所でなんとか8勝、また負け越して次の場所で8勝……と浮き沈みを繰り返し、本当にギリギリのところで大関という地位を守っていた。上半身で相撲が取れるようになったとはいえ、両ひざのせいで100パーセントの力が出せない。そんななかで相撲を取り続けるのは、本当に歯がゆかった。

そして、またしてもカド番で迎えた2017年3月場所。もう4度目のカド番だったが、この場所には、さまざまなドラマが詰まっていた。

5日目まで連勝。6日目に高安関に敗れてしまったが、それでも9日目には勝ち越しを決め、11日目には1年以上ぶりの二桁勝利を挙げた。

しかし、13日目に鶴竜関と対戦した際、結果的に勝ちはしたが、外掛けをかけられたときにまたひざを痛めてしまった。顔にこそ出さなかったが、勝ち名乗りを受けて土俵下で座っている間にも、痛むひざがみるみる腫れ上がってくる。

「うーわ。これ、やべえな……」

そう思っている矢先だった。

土俵上で戦っていた稀勢の里関が、日馬富士関に敗れて向こう側の土俵下に転げ落ちた。と思ったら、左胸を押さえて苦悶の表情を浮かべているではないか。のちの彼の土俵人生を大きく狂わせた、左の大胸筋の大ケガを負った瞬間だった。

自分は顔に出さなかっただけで、一人で歩くのがつらいくらいのケガを負っていたが、取組後の報道陣は、一斉に稀勢の里関のもとへ走っていった。

しかし、このままもし稀勢の里関が休場してしまったら、何もしなくても私の優勝が決まる。

　ここは我慢だ。

　そう思い、痛みをこらえて平気な顔をして会場を後にした。

　帰ってから、

「どうしよう……」

　と、駿馬さんに相談した。

　話を聞いてもらいながら、

「1日様子を見て、それでもダメだったら、明日は最悪、変化してみるしかないかな」

　そう言って、眠りについた。


　翌朝。起きたときには、脚はまったくといっていいほど動かなくなっていた。

　稽古場に降りて、今度はアミ関にまた相談した。

「今日（の相手は）誰だ」

「琴奨菊関です」

「じゃあ、彼は当たりが強いから、力を逃がすしかないかもね」

「はい、まともには受けられないですからね……」

そう話して、とりあえずすぐに病院へ行った。激痛に耐えながらひざから血を抜いて、痛み止めを飲み、さらに強力な痛み止めも打ってもらい、やれることはすべてやって、会場へ向かった。

迎えた14日目。対戦した琴奨菊関も、大関から関脇に陥落したばかりの場所で、この2日間でひとつでも負ければ大関復帰がかなわなくなってしまうという、大きな一番だった。

一方私はというと、痛み止めを打ってもらったとはいえ、それでもひざは痛い。立ち合いから低く鋭く当たってくる琴奨菊関の強さはわかっていたため、まともに受けてしまったら絶対に負けると思った。

やっぱりここは、立ち合い変化だ。なにがなんでも優勝しないと――。

一度、私が前につっかけて「待った」になった。再び仕切り直して、脳裏に浮かんだ〝作戦〟に出る。

勝負は一瞬だった。向かってきた琴奨菊関の後頭部を押さえながら、私が右に大きく変わると、相手はそのまま真後ろの土俵の向こうへ落ちて行った。私の思い描いていた通りの展開だ。

しかし、次の瞬間だった。


「うーわ、最悪や!」

「きたねえぞ!」

「そんなんで勝ってうれしいんか!」

「モンゴルに帰れ!」

館内には大ブーイングが巻き起こり、容赦ないヤジが私を襲った。拍手など一切ない、異様な空間だった。

ひとつひとつの野次が鮮明に届き、私の耳を、心を、鋭く突き刺す。ショックだった。1年前、鶴竜関と優勝を争ったときの、「照ノ富士頑張れ!」の声援も、すべて嘘のようにさえ思われた。

もちろん、この状況で立ち合い変化などしたら、何か言われるだろうなとは考えた。

お客さんは、自分の前日のケガなど知る由もない。ましてや、ほかの地域よりも野次が厳しい大阪のお客さんたちである。

すべてわかった上でやったつもりだったが、あまりにショックで、頭の中が真っ白になり、その場に呆然と立ち尽くしてしまった。

あの場にいると、お客さんの声は本当にはっきり聞こえる。ブーイングされて悔しい思いはあったため、

「なにくそ」

という気持ちでいようと思ったが、実際心の中ではボロボロだった。

帰ってSNSを開いたら、それはそれはもうバンバン叩かれている。

人間とは不思議なもので、同じことを書かれていても、自分の調子がいいときには、

「くだらない！」

「こんなのどうでもいい」

「はいはい、どうぞなんとでも言ってください」

と思えるものが、調子が悪いときに見ると、気持ちがどんどん落ち込んでいってしまうものなのだ。このときも、叩かれていた内容が、自分にとっては死ぬほどショッ

クだった。

どう？ みんな、ネットだと好き放題書いてくれるけど、私だって人間なんだよ（苦笑）？


稀勢の里関と直接対決した千秋楽は、本割でも優勝決定戦でも自分が負けて、稀勢の里関が優勝した。大胸筋の大ケガをおしての優勝。日本中が感動に包まれた瞬間だった。

いま落ち着いて振り返れば、本当に気にもならないのだが、この日私は、待ったも含めて、稀勢の里関に3回も立ち合い変化された。3回だよ？ それでも、お客さんはみんな、稀勢の里関を応援していた。

その前日、自分のときは、あんなに大ブーイングしたのに……。

当時の私は、そんなふうに考えて、モヤモヤしてしまった。


そこから、私のなかで気持ちの変化が起きた。

「もう、やってられるか――」

そんな気持ちが沸き起こってしまって、精神面もダメな方向に行き始めた。

ただ、私はいまも、あのときのことを、琴奨菊関に謝りたいと思っている。菊関は、その後2020年に引退されて親方になった。今後、いつか二人でゆっくり話せる機会があれば、あの一番のことを心から謝罪したい。

そう思うと同時に、いまだからわかるのは、みんな目の前の白星のために必死にやっていたということ。

いろんなことを考え、絞り出した上での選択なんだ。自分の選んだ変化という策もそうだけど、稀勢の里関も琴奨菊関も、みんなみんな、その時々の「最善」を考え、選択しながら相撲を取っている。

だからこそ、いまの私は、どの力士のどんな相撲にも、リスペクトをもっていたいと常に思っている。

元付け人駿馬・中板秀二さんが語る「弟弟子」照ノ富士

「多角的な相撲観 横綱の一番近くで感じていたこと」

ある日、出先から部屋に帰ってきたら、入門してきた照ノ富士が大部屋にいました。後輩の若青葉から、

「来ましたよ」

と紹介を受けて。少し人見知りしていたのか、眉尻を下げたような顔で、

「よろしくお願いします」

と頭を下げました。自分も、

「よろしくね」

と返しつつ、内気な子なのかなと思っていました。

日本語は、当初からよくできていましたが、自分の思っていることをあまりうまく言えていなかった感じで、少しフラストレーションを抱えていたようです。

入門して半年くらいした頃、

「自分、本当は喋らないタイプじゃないんです、言いたいことが日本語でうま

く言えないだけなんです」

と打ち明けてくれました。もっとコミュニケーションを取りたいけど、日本語でうまく説明できないんだと。それで、

「もっと話したいです」

と教えてくれました。後になって思えばおしゃべり好きなんだなとわかりますよね。いまもかつての間垣部屋のみんなで会ったときは、いろんな話をして爆笑しています。

当時教えていたことのひとつは、着物や羽織のたたみ方。自分でできないと、関取に上がったときに、付け人に「ちゃんとしろ」って言えないからです。なぜそれをしろと言われているのかといった理由の部分は、本人もよく理解していたと思います。

でも、番付が上がってくると、だんだん言うことを聞かなくなってきました。横綱が私の番付を抜いたときに、

「なんで自分のほうがもう上なのに怒られなきゃいけないんだろう」

と、周囲にぼやいていたみたいです。でも自分は、上に上がったときに恥ずかしい思いをさせたくなかったので、あえて厳しく接していました。特に、間垣時代は、照矢さんと二人して厳しく言っていたので、本人は嫌だったと思います。

そして、伊勢ヶ濱部屋に入って関取になってから、

「あのとき、厳しくしてもらってよかっ

たです」

と言われて、それを聞いてよかったなと思いましたね。

最初に大関に上がった頃は、怖いものなしでなんでも来いという感じでした。お酒も好きだったので、朝まで飲みに行ってどれだけ二日酔いでも、次の日の稽古場で勝てる。それくらいの実力はもっていました。

印象に残っているのは、当時あまり分がよくなかった豊ノ島関と対戦したとき。立ち合いから外四つで行くと言うので、自分は止めました。なぜなら、中に入ってくる相手に対して、外から攻めていくなんて普通あり得ないからです。

それでも、決めたことを曲げないので、

「それだけ自信があるなら、悔いのないようにやってください」

と送り出しました。すると、見事彼の思い通りに相撲を取ったんです。それだけ、日頃から相撲をよく見ている証拠。YouTubeもNHKの映像も、気づくとよく見ていたので、すごく研究していたんだと思います。

私はよく、支度部屋で、その日の対戦相手の立ち合いや動きを想定して動いて、練習相手になっていました。

「もうちょっと下から当たって」

「もう少し横から動いて」

と、細かいところまで指示があり、言われたように動きます。すると、突然、

「もう大丈夫です」

と言って、ぶつかりが終わるんです。

何回か当たると、バッチリ感覚をつかめるみたいなのですが、その感覚って、私らにはないんですよ。何回やってもしっくりこないこともあるし、しっくりきてもうまくいかないこともあります。でも、彼は〝これでOK〟となれば、あとは土俵に上がってバッチリ勝ってくれる。

見ているこちらも、ほとんど、

「勝てるかなあ」「大丈夫かなあ」

という気持ちはありません。勝つことを祈るのではなく、

「まあ今日も勝つだろうな」

と思って見ている感じでした。

横綱は、私と性格が違うので、互いに勉強になるところがあったのかなと思います。私にとっては、横綱の相撲への取り組み方は、見ていて勉強になりました。彼は、相撲の見方が多角的で、こういう見方で相撲を取っているんだ……と、目から鱗が落ちることがよくありました。

言葉にすると抽象的ですが、感じて学ぶことが多かったんです。外国出身だからということもあるかもしれませんし、相撲に対して吸収できることが多いんですかね。

私は、性格的にも真正面からしか相撲を捉えられませんでした。というのも、小さい頃から相撲をやっていたので、ある意味で相撲の見方が凝り固まっていたんです。

「相撲とはこういうもの」

「相撲はこう見るもの」

という固定観念がありました。でも、それを彼はいろんな方面から捉えていた。特に関取になってからは、逆にアドバイスをもらったりしていました。

「中板さん、考え方が硬すぎるんで、もっとこうしたほうがいいですよ」

まさにその通りで、私は考え方が硬いんです。でも、だからこそ、彼が失敗しそうになったときは、心配性の自分が先回りして、未然に止められたりしたのかな、とも思います。そこは、性格の違いがあったからこそ生まれた支え合いだったのかもしれません。

ケガと病気で下まで落ちたときは、本当に自信を失っていました。何をやってもうまくいかず、空回りしてしまう。三段目や序二段の子と当たっても負けていたんじゃないかと思うほどで、十両から落ちるときなんて、ほとんど負けていました。本人は、

「ケガがあったから」

「痛かったから」

だと言い張りますが、私から見れば、体力ではなく気力がなかった。もちろん、ケガと病気があったから、どうしても気持ちの面で落ちる、そしてどんどん体力も気力も下がっていくという状態だったのだろうと推察します。

私は、2019年1月に現役引退を決

意し、部屋を出ました。5月場所で正式に引退しましたが、横綱はその間の3月場所で序二段に復帰。つまり、自分がいなくなったと同時に復帰した感じです。

自分が引退することを親方に伝えたときに、横綱は、

「中板さんがいなくなったら、自分どうするんですか」

と、不安そうでした。と同時に、

「いなかったらいなかったで、なんとかなる」

「なんとか頑張らなきゃだめだ」

と、自分を奮い立たせていました。

僕らは10歳年が離れているので、どう考えても僕のほうが引退は早い。どこかでこのときは必ずやってくる。以前から、

「自分はいつまでもいるわけじゃないよ」

という話はしていましたが、当たり前の存在に気づくのは、その存在がいなくなってからということなんでしょうね。

引退を決めたのは、彼が負け続けて落ちていたときに、これは自分が甘やかしていたからかもしれない、とも思ったからです。

自分がいることで照ノ富士が甘えているなら、自分がいなくても頑張らなきゃいけないということに、早く本人が気づかないといけないかなって……。そのためには、自分が引退したほうがいいのかなと思ったんです。この気持ちは、引退前に横綱本人にもきちんと伝えました。

彼が復活できたのは、自分の引退もあったかもしれないけど、それよりも、奥さんとの結婚や親方からの説得、手術のタイミングなど、いろいろな要素が重なったからです。

彼が再出場する1週間くらい前、

「今場所から出ることになりました」

と電話がかかってきました。それがすごくうれしかった。それまでは、辞めるとか、辞めるためにどうすればいいかなんて、マイナスなことしか言っていなかったんです。でも、そのときの声が生き生きして楽しそうだったので、すごくよかったと思いました。

初日の取組後、勝ち越しの後、優勝決定戦の後と、結局その場所は計3回電話がかかってきました（笑）。

僕は、仕事の合間にAbemaTVで取組を見ていましたが、関取になるまでは、毎日安心して見ていられませんでしたね。以前はあんなに、

「今日も勝つだろ」

と思って見ていたのに、すっかり、

「お願いだ〜、ケガをしないで、頑張って〜」

と、それこそ祈るような気持ちで見るようになってしまいました。でも、復活してからは、ほぼ前に出る相撲を取っているので、ケガはしづらいんじゃないかと、少し安心して見ています。

いまは、相撲に対してより真摯に、より真剣に取り組むようになったと思いま

初優勝・大関昇進が決まり、一夜明け会見での一コマ

す。横綱になるときも、明確に「なる」とは言わなくとも、そこを本気で目指している気持ちは、十分伝わってきました。落ちているときは、辞める話しかしていなかったけど、いまは前向きな話をしてくれています。

私は、いまはデイサービスで働いています。また、若天狼さんの会社・株式会社シリウスの「お相撲さんプロモーションズ」という事務所にも所属して、引退後の力士のセカンドキャリア推進に取り組んでいます。自分自身の第二の人生も、横綱と過ごした貴重な時間と経験を生かして、前に進んでいけたらなと思っています。

元安美錦・安治川親方が語る「弟弟子」照ノ富士

「彼の長けている素直さが強さにつながっている」

間垣部屋からうちの部屋に移籍してきたときは、慣れない環境で大変だったと思うんですが、特別扱いせず、うちの部屋の一員だという思いで、稽古は結構きつくやったと思います。だんだん休みがちになってきたので、

「休んでいないで稽古場に降りろ」

と叱責したこともありました。照ノ富士本人にとっては、嫌な怖い先輩っていうイメージだったかなと思います。実際どう思っていたかはわからないけどね。

大阪場所の琴奨菊戦ね。え、そこに私を巻き込むの（笑）。でも、勝負の世界ですから。ひざの状態は知っていましたので、真っ直ぐ行っても勝てないなら、自分がいまできる最善のことをするだけだと私は思ったし、そう言ったような気

がします。勝たなきゃいけないわけですから、自分が考えた結果を信じてやるしかないんです。でも、私が変われって言ったって書いたほうがいいんじゃないかな（笑）。

その後、番付を落としていったときは、どう見ても力になれないから、声をかけられませんでした。かける言葉もなかった。ケガもそうですが内臓疾患も大変だったので、正直、もう無理かなと思っていました。

声をかけられるようになったのは、さあ序二段で復帰しよう、となってからです。土俵に上がるのが決まった時点で、そこからは気楽に、

「おう、序二段！」

なんて、冗談も言えるようになりました。本人も気を使っているのがわかったので、気持ちを和ませてあげたかった。でも、みんな部屋にいるときは、地位ではなく「照ノ富士」個人として接していたので、それはよかったかなと思います。

やっぱり力士は、土俵に上がってなんぼですから、そこに戻ってこられたのは、結果はどうであれよかったなという気持ちでした。照ノ富士復帰の2場所後に私が引退を決めたのは、心置きなくと言ったらおかしいけど、部屋を引き締める意味で、照ノ富士が上がってきてくれたら、自分はサポートする立場に回っても大丈夫かなと、ちょっと思ったのもあるかな。

復帰後は、力が戻ってきて、相撲自体も取り組む姿勢も変わりました。必死の努力を見ていたので、番付が上がることに驚きはしませんでした。横綱という地位にも、なるべくしてなったと思います。それだけのことをしていましたから。やれるところまでやれば、みんなこうして強くなるんだなと感じました。

私は特に、何も教えていないですよ。もともと彼は器用で、ひざのケガもある分、しっかり相撲を取るようになりました。強引な相撲ではなく、自分の体を生かして、考えながら取り組んでいますね。上半身を倒していれば相手に何もされないので、自信になっていったんだろうと思います。少しずつ回復して足が踏ん張れるようになったことで、余計我慢して相撲を取れるようになった。そこに細かい技術が乗ってきました。

私は、何か聞かれたら答えますが、教えてできるというのは、自分のもっている力です。アドバイスをパッと理解できて、余裕をもって体を動かせるのは、稽古で培ったものだと思います。

照ノ富士の長けているのは、人の話を素直に聞こうとする姿勢です。それに、聞くことによって自分で考えることもできる。その素直さが強さにつながっていると感じます。

――一人横綱になってしまったので、あとは部屋だけでなく角界を引っ張っていく

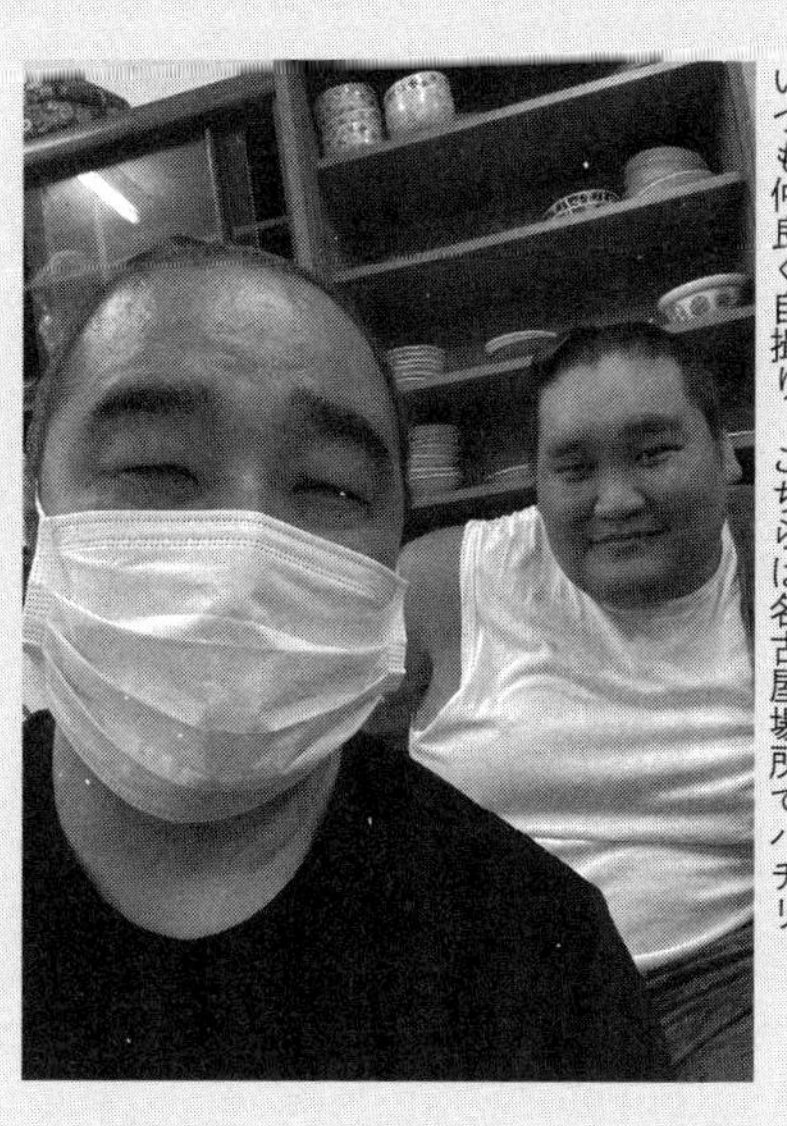

いつも仲良く自撮り。こちらは名古屋場所でパチリ

つもりで、自覚をもってやっていくことが一番です。しかし、それは誰よりも本人がよくわかっていることだと思います。いままでやってきたことを信じて、これからもしばらく楽しませてもらえたらうれしいな。

私の断髪式が、2022年5月と、だいぶ延期になりました。断髪式で土俵入りをしてもらいたいので、それまで引退するんじゃないぞと念を押してあります。私は、これから部屋を興すために頑張っているので、一緒にいられる期間、自分も勉強になるし、私から吸収できるものがあればどんどん吸収し、横綱としてますます活躍してもらいたいです。

12

相撲より病気に勝たないといけない日々「医師からの宣告に〝死〟を意識した」

精神的にも参って、稀勢の里関に優勝を許してしまった2017年3月場所。翌5月場所は、初日から2連敗してしまった。

そこから一気に巻き返して11連勝。ひざの調子はよくなかったものの、厳しいトレーニングを重ねていたことが功を奏し、優勝争いに躍り出た。

しかし、14日目で、優勝を争っていた白鵬関に負け、またも優勝は逃してしまった。

以前手術した左ひざは、やはり一向に痛みが取れない。不審に思い、場所後にもう一度病院で検査を受けた。

すると、今度は骨が変形して、ねずみと呼ばれるものができているという。仕方ないので、これを除去するために、2度目の手術を受けた。

手術後は、少し調子がよくなったので、またトレーニングを再開した。以前よりも激しいトレーニングをして、自分の体を追い込んだ。


しかし、このあと私をどん底に突き落としたのは、度重なるひざのケガ――ではなかったのだ。


3月、5月は、ひざが万全でないなかでも、準優勝の成績を残すことができたが、異変に気づき始めたのは、7月頃だった。

2度の手術を経て、稽古もトレーニングも自信をもってやっていたが、勝てなくなってきたのだ。

不調なまま迎えた7月場所は、1勝4敗で6日目から途中休場。この頃から、ひざではなく、体調の異変に気づいていた。

体中がむくんで、できものができる。何をしても疲れるし、頭がグラグラする。まるで、自分の体が自分のものではないような感覚。明らかにケガとは無関係だ。

すると、照強が言った。

「大関、もしかして、糖尿とかあるんじゃ……」

自分でもまさかと思い、糖尿病の検査機器で血糖値を測ってみた。すると、通常は１００もいかないような数値が、朝イチの段階ですでに３９０もあった。昼食後にはもう５００まで上がっている。

真っ青になって、そのまま病院へ直行。

やはり糖尿病だった。

しかし、糖尿病だけでこんなにも体が傷むのだろうか。動けなくなるくらい腰も痛い。糖尿病がわかってから、病院を４つ回った。医師にも症状を細かく訴え、さらなる検査をしてもらった。

すると、腎臓に石ができていた上、C型肝炎まで発覚した。思った通り、いや、思っていた以上に、私の内臓はもうボロボロになっていた。

私はいままでも、自分はケガで落ちたわけではないと思っている。事実、両ひざのケガを負っても、二度の手術を経て、優勝争いに絡むような成績を残すことができていたからだ。

周りはみんな、

「ケガしたときに、すぐに休めばよかったのに」

と軽く言うけれど、ケガをおして無理して出たことが問題だったのではない。それに、現役で相撲を取り続ける限り、休んだからといって、ケガは完治しない。いかにケガと付き合っていくか。それしかないのだ。

番付を落とした原因は、ケガではない――これらの重い内臓疾患だった。


想像できるだろうか。

筋肉をつけるためにトレーニングをしているのに、やればやるほど筋肉が落ちていく様子を。

体中がむくんで、顔も腫れて、目が見えなくなっていく様を。

眠ろうとしても、体中のできものと心臓が痛くて眠れない苦しさを――。


番付を落としたくない一心で土俵に上がるが、まったく力が出ないため、勝てない。力が落ちるのに比例して、気持ちもどんどん落ちて行ってしまった。

これまで、ケガには勝っていると思っていた。なんとか乗り越えていると。しかし、ケガで人間は死なないけれど、病気では死んでしまう。

実際、医師にも、

「このままだと、あと2～3年しか生きられませんよ」

とまで言われたのだ。


俺、もう死ぬのかな――。

このとき初めて、〝死〟を身近に意識した。気力と体力が落ちると同時に、必然的に番付も急降下していった。


もう、相撲は辞めたいとしか思えなかった。

病気については、親方にも相談した。すると、

「たとえ辞めたとしたって、病気は治さないと長生きできない。続けたとしたって活躍できない。とにかく、まずは治すことを考えてからだ」

そう言われて、私は一度しっかり休場して、病気と両ひざの治療に専念しようと決意した。

ここから、約1年半かけた私の闘病生活が始まる。

C型肝炎は、処方された赤い薬を飲んで治した。腎臓の石は、尿で排出できればいいのだが、中途半端な大きさのものが多いということで、炭酸水をたくさん飲んで分解することから始まった。

一度、排尿時に真っ黒な石が詰まって出てきたことがあった。絶望的な痛みが伴ったのは言うまでもない。その後、細かい石がたくさん出てきた。

その日から2日くらいは血尿が出ていて、ずっと痛かった。でも、3〜4日で徐々に治り、同時に腰の痛みもなくなった。

問題は、やはり糖尿病だった。内臓疾患とひざのケガの両方の治療を念頭に置いたところで、医師からは、

「まず糖尿病を治さないと、ケガも治りにくい」

と聞かされていたため、ひざの手術の前に糖尿病の治療を始めた。

しかし、回った4つの病院では、糖尿病は完治しないと言われ続けた。薬を飲んで、付き合っていくしかないのだと。

ただ、ある一人の先生が、検査後に、

「体から少しだけインスリンが出ているから、完治するかはわからないけど、やってみる価値はあるよ」

と声をかけてくれたのである。私にはそれが、神からのお告げのような、一筋の希望の光に感じられた。

「大好きなお酒、一滴も飲まないでいられるかな？」

「治るならできます。なんでもします！」

藁にもすがる思いだった。


その先生を信じて、治療を開始した。それまでは、インスリンを打ったり薬を飲んだりすることで血糖値を下げていたが、どちらもやめて、種類の違う、いわゆる一般的なインスリンを出してもらった。先生いわく、

「このインスリンだけでいいから、薬は一切飲まないでくださいね」

と。その代わり、断酒に加え、厳しい食事制限が設けられた。

・ご飯と小麦はＮＧ

・油で焼いたものもNG
・茹で料理と蒸し料理だけOK

甘いものを食べてはいけないのは言うまでもないが、私はもともと甘党ではなかったため、先生からくぎを刺されたのは主にこの3点。どうしてもご飯が食べたいときは、蕎麦のもとを炊いて食べた。

お相撲さんは、糖尿病の人が多いし、自分の場合は遺伝もある。母方の祖母も、お母さんのお姉さんも糖尿病で亡くなっているし、お父さんも糖尿病だ。糖尿病で亡くなる人がいるのは知っていたので、怖くて治療を頑張った。

しかし、遺伝だけのせいではない。こうなったのも、暴飲暴食や不規則な生活を繰り返した自分のせい。自業自得だ。

病気になって初めて、これまでの無茶な生活を反省した。

13

闘病生活は奥さんの支えがすべてだった「男として終わったと思ったけれど当たり前のように付いてきてくれた」

闘病生活は、1年以上を要した。当時、189キロあった体重は、162キロまで落ちた。

治療中は、眠れないのがつらかった。痛みや息苦しさで寝つけず、眠りについてもすぐに起きてしまう。全身がむくんでいるから、急に心臓が止まりそうな感覚に襲われて、はっと起きることもしょっちゅうだった。病気が治るまでは、こんな夜が毎日続いた。

内臓の病気の治療は基本的に自宅で行っていたが、治療期間後半に、両ひざの手術もしてしまおうということになり、途中から入院した。

夜、一人になって病院のベッドに横たわると、

なんで俺が……。
なんでこんなに苦しみが重なるんだ……。

そんな思いがこみ上げてくる。自然と、目の横から一筋の涙がつーっとこぼれ、孤独に枕を濡らした。

くそっ、なんで泣いているんだよ、俺——。

入院中、何より一番嫌だったのは、大好きな奥さんに毎日情けない姿を見せ続けていることだった。

彼女は、毎朝起きたらすぐ病院に来て、夜病院が閉まるまでずっとそばで看病してくれた。当時、まだ大学生だった彼女。朝から晩まで私を看病し、家に帰ってから夜に学校の勉強をしていたそうだ。

でも、私は彼女に痛いとかつらいとか弱音を吐きたくないから、いつも、

（早く痛み止めを打ってくれ……）

と思っていた。顔には出さないようにしていたが、きっと大変な心配をかけていたんだろうと思う。

私が、妻のツェグメド・ドルジハンドと出会ったのは、ちょうど幕内に上がった22歳くらいのとき。3歳年下の彼女はまだ19歳で、日本に留学に来ていた大学生だった。私が、Ｆａｃｅｂｏｏｋで彼女のことを見つけて、その瞬間からすごく気になったのだ。

「共通の知り合い」になっていた、知り合いの奥さんの友達に頼み込んで、一緒に食事に出かけたのが最初だった。その後、メールでやり取りして、何度かデートに誘った。それからの付き合いだ。

病気になった頃は、すでに付き合ってから4年くらい経っていた。もちろん、二人の関係はすっかり出来上がっていたが、とはいえ、情けない姿を見せて、申し訳ないような、恥ずかしいような、そんな思いでいっぱいだった。

一番恥ずかしかったのは、退院直後。両ひざの手術を受けたため、自力では歩けない状態で、一人でトイレにも行けない。そのため、奥さんの肩を借りてトイレまで行かなければならなかったのだ。

ダサ……。

男として終わったな――。

病院でも、車いすを押してくれる彼女の温かさを背中で感じながら、重いだろうなと思い、恥ずかしくて情けなかった。

退院後も、すぐには歩けなくてしばらく車いすを使っていたが、奥さんに押してもらうことが本当に申し訳なくて、できるだけ早く立てるようになろうとしか考えていなかった。毎日毎日、立ち上がろうとしては失敗して、悔しかった。

でも、私のそんな思いとは裏腹に、彼女はとても気丈にふるまっていた。どんな私を見ても、何をしてくれているときも、至って〝普通〟でいてくれたのだ。

のちに、

〝大関から落ちてしまったからといって別れないで支えてあげて、あなたはいい奥さんね〃って言われたことがあるけど、それって普通じゃない？　別れる人が多いの？　なんでだろう」

と真剣な顔で聞かれて、思わずふっと笑ってしまった。

なんて強い女性なんだろう。

もちろん、そう言われれば自分だってそう思う。つらいときに一緒にいてくれる人こそ、本当に自分が大切にしなくちゃいけない人なんだって。

それにしても、彼女は実に肝の据わった女性だ。その姿を見ると、自分も覚悟して、真剣に病気とケガに向き合わなくてはと思えた。

私にとって、絶対の存在だった親方に引けをとらないくらい、彼女の存在とその心の強さに何度も救われ、大きな覚悟を決めなくてはという気持ちにさせてもらったと思う。

先生に指示された食事制限を徹底的に守った甲斐もあって、体重が落ちるにつれて血糖値も下がっていった。それに合わせて、投与するインスリンの量も徐々に減らしていった。

血糖値を１１０でキープするようになってからは、インスリンの量がさらに減った。

優勝額の撮影時に二人で

はじめは、回すつまみが20くらいだったのが、1~2でも血糖値が上がらなくなるまでに回復したのだ。

そこからは、インスリンの投与もやめて、食事のコントロールだけで数値をキープ。

2ヶ月はそれまでの食事制限を続けて、さらに最後の2ヶ月間は、お米と小麦を少しずつ戻した。

退院後の食事も、奥さんが先生からアドバイスを受けて、私のための食事を毎日作ってくれた。

そんなことしなくてもいいのに、自分が食べる分も、私と同じものを食べていた。

さらに、彼女はもともとお酒を飲まな

結婚式には、親方ご夫婦もお祝いに駆けつけてくれた

いので、私の断酒にも根気よく付き合ってくれた。

こうして、彼女の献身的な支えがあって、体は徐々によくなってきた。内臓の治療中に、両ひざの手術も無事に終わった。

術後に病院で、筋肉を少しでも戻すためのリハビリや、電気治療、マッサージ、関節の動きを試すなどして、約1ヶ月半で、杖なしで歩けるようになった。

その後は、少しずつ外で歩いた。最初は、100メートルも歩くとひざが痛み、一度いすに座ると立てないほどだったが、家にエアロバイクを買って軽く動かしたりしているうちに、徐々にではあるが動けるようになっていった。奥さんは、私が運動できるようになってくると、ウォーキングなどにも一緒に出掛けてくれて、とても励みになった。

しかし、大きな問題があった。

相撲だ。

私は、病気になったときからずっと、相撲は辞めたいとしか思っていなかった。実際、手術して退院するとき、奥さんにも、

「相撲を辞めたら何しようかな」

と話していて、

「どんな道に行っても大丈夫だよ。あなたが決めたことはなんでも応援する。あなたが働けないなら、私が一生懸命働くから。心配しないで」

とまで言ってもらっていた。

説得すべきは、親方。ただ一人だった。

妻・ツェグメド・ドルジハンドさんが語る「夫」照ノ富士

「土俵上の夫はまるで別人 支えていくという強い思い」

私は、日本の大学に通っていた姉の影響で、15歳で日本の高校に留学しました。もともと、高校生になったら外国で勉強したいという思いがあり、誰も知り合いのいないところより安心できるので、姉のいた日本を選んだんです。

モンゴルでは、生ものを食べる文化がないので、最初は寿司や刺身が食べられなかったし、ステーキも、レアではなくよく焼いて食べますが、いまは寿司も大好きになりました。

現在、日本に来て11年目。よく、「モンゴルと日本どっちが好き?」と聞かれますが、もうモンゴルと変わりはありません。日本は住みやすくていい国です。

ガナと出会ったのは、私が大学1年生

のとき。実は、私はかつての大島部屋でホームステイをしていました。というのも、私の従兄であるいまの友綱親方が、当時旭天鵬として、大島部屋にいたからです。

昔から、自分の人生において相撲は身近にあったので、お相撲さんとお付き合いをすることに特別感もなく、自然にお付き合いが始まりました。

本人は、その頃のことを〝イケイケだった〟と振り返りますが、私も、当時はガナと同じ気持ちで、

「このままどんどん頑張れ」

と思いながら見ていました。

大関に上がったとき、ガナは23歳で私は20歳。ガナも忙しいけれど、私も大学の勉強に忙しく、お互い多忙な日々を送っていました。

ケガと病気で落ちたとき、これは二人で乗り越えないといけないなと感じました。

でも、私が支えるから大丈夫だという、強い思いがあったんです。昔からお相撲さんを見てきているので、こういうお仕事の人には、いつ何が起きるかわからないことを知っていました。

だからこそ、付き合ったときから、何かあれば自分が支えていくんだと思っていたんです。

でも、ひざの手術後は、痛みが治まら

なくて苦しんでいるのを見ると、やはりつらかったです。本人は、痛いとか苦しいとは口にしないけれど、私は、彼を見れば、

「いま痛いんだろうな」

「苦しいんだろうな」

というのはわかりましたから。

それ以前も、付き合ってから何度も手術しているので、手術室に行く前は、無事に終わるかなと、いつも心配して見送っていました。

手術が終わった後、最初は、本人が、

「相撲はもう辞める」

と言っていたからそれでいいと思っていましたし、何よりガナの意思を尊重したかった。でも、いま思うと辞めなくて本当によかったなと思います。それは、引き留めてくれた親方とおかみさんのおかげです。

付き合って1年になる少し前くらいに大関になりました。それを見ていたから、もう一回大関に、そして横綱に上がれるまで、できることを全部やってあげたいなと思ったんです。

もう一度相撲を頑張ろうと決めてからは、私はとにかく、彼にできることは何かを模索し始めました。

そして、彼の体に合う料理を作るために、お医者さんからアドバイスをもらって、白いご飯は控え、代わりに麦や玄米

を使ったり、砂糖や塩はあまり使わないで、食事の前には必ずサラダを食べたりするようにしました。私も、彼のために作ったご飯を一緒に食べていました。

適度な運動も必要と言われたので、夜は二人で一緒に1時間くらい散歩していました。

私たちは、この新しい生活にすぐに慣れることができました。私は、もともとお酒をあまり飲まないので、断酒も一緒に付き合えたし、食生活全般が変わったことに対して、特に何も苦ではなかったですね。

3年前の2月に突然プロポーズされました。何も知らなかったので、びっくりでした。

家で急に、別の部屋に呼ばれて行ってみたら、内緒で準備してくれていた指輪を持って、

「結婚しませんか」

と言われたんです。すごくうれしかったですね。そのまま、次の日に籍を入れに行きました。

結婚は、家族みんなが喜んでくれました。私には兄が一人いますが、母は、

「息子がもう一人増えた」

と言ってうれしそうにしています。私の兄弟はみんな日本にいて、母だけモンゴルにいますが、ガナの活躍は向こうで見て喜んでいます。

ガナは、家では優しくて、土俵に上がると全然違う顔をしています。瞬間的に顔が変わるし、土俵上のガナは、私から見てもまるで別人。気持ちの切り替えがすごいなと思います。

勝っても負けても、本人はあまり顔に出しません。でも、ずっと落ち込んでいたら次の日に活躍できないので、その姿勢が大事だと思うし、気持ちの強い人だなと思います。

一方私は、テレビを見るときはいつも緊張しています。勝っても負けてもドキドキです。緊張して、家じゅう一人でうろうろ歩いています（笑）。今年の5月場所での優勝決定戦が、いままでで一番緊張したかもしれません。

二人で家にいるときは、相撲の話はあまりしないです。ただ、本人は、YouTubeで相撲の動画を見ていることもあるし、毎日時間さえあれば、映像を見て相撲の研究をしています。

いま私たちが楽しみにしていることは、子どもができたら、子どもを元気に育てていくことです。

私から夫に対しては、ケガをしないで、1日でも長く相撲を取ってほしいなと思っています。そうして、家族が増えたら、家族みんなで彼を応援していきたいです。

2021年2月に行った結婚式での一コマ

14

中途半端な自分が嫌で家出した「自分と向き合うために一人になって心の葛藤と対話をする」

私はもう、病気がわかったときから、親方には、

「辞めたいです」

と伝えていた。しかし、

「相撲を辞めるかどうかは、病気を治してから考えればいいだろう。何よりも治療が先だ」

と言われ、治療を始めたのだった。

退院後、奥さんとお母さんには気持ちを伝え、辞めていいよと言ってもらっていたので、親方へもあらためて辞意を伝えた。

しかし、親方は一向に首を縦に振らない。親方が引退を認めないうちは、正式に辞

められないからどうしようもない。

このままだと、すべてが中途半端なままだ——。

気持ちは乗らないし、なんだかすべてがダメな方向へ傾いている。そんな気がして仕方なかった。病気とケガが快方へ向かっていても、心にはいつも、暗いもやがかかったままだった。

奥さんの支えがあり、病気はだいぶよくなってきて、入院後約3週間で、少し歩けるようにもなった。せっかく歩けるようになったのに、やっぱり何もやる気は起こらない。

そうなって、やはり考えるのは、今後の人生だった。何もかもが嫌な方向へ向かっている。

一人になりたい。

奥さんには申し訳なかったが、思わず一人で家を飛び出した。自分はいったい、これからどうするのか？・自分に正直になることが大事だと思い、そのためには一人になって、自分と対話する必要があると思った。

突然家を飛び出した昼間。

——おい、お前。

辞めていたお酒をいくつか買って、歩きながら自分に語りかける。

お前は、これからどうしたいんだ——？

1泊、ビジネスホテルをとった。ホテルの部屋にこもって、昔のようには飲めないお酒をちびちびとなめる。しんと静まり返った部屋の中、一人で自問自答を繰り返した。

まずは、いまの自分を受け入れることから始まった。どうしても、プライドがあったからだ。元大関が、こんなところで相撲を取っていいのか。恥ずかしすぎるだろう。カッコ悪い姿をさらすのは嫌だった。

辞めるなら、さっさと決めて辞めないといけない。辞めもせず、中途半端にダラダラしていたら、いままで作り上げてきた自分の人生が、ほんのちっぽけなものになってしまうような気がした。

このままだと、相撲で大成していい暮らしをしたいと思い描いていた人生は、もう実現不可能だ。

なにより胸が痛んだのは、幸せにするからといってお嫁にもらった奥さんを、幸せにできないことだった。もちろん、親も幸せにできない。

辞めたらどういう仕事をすればいいんだろうと思った。それと同時に、逆にいまの体でどこまで鍛えられるんだろう、とも――。

もしも、だ。相撲をやるとしたら。

いままでのように中途半端にやっても、結局はここで終わってしまうに違いない。やるなら、相当な覚悟を決めてやるしかない。

ふと、師匠の顔が浮かんだ。

あの怖い顔が、

「絶対にお前を辞めさせない」

そう言って、こちらを思い切りにらんでいた。


自分との対話と心の葛藤は、次の日の夜まで続いた。一人で現状を受け入れ、考えに考え抜いた結果、

「どうせ辞めさせてくれないなら――」

「一回、死んでもいいからやってみよう」

「やるなら徹底的にやろう」

大きな覚悟を決め、家に帰った。


何事も、辞めるのは簡単だ。しかし、辞めた後に後悔するのが一番よくない。いま振り返ってみても、もしあのとき辞めていたら、自分は後悔しているかもしれないと思う。

親方に5回くらい、

「辞めたい」

と相談したとき、もし親方が折れて、

「わかった、辞めていいよ」

と言っていたら、いまの照ノ富士はないのだ。

自分のなかで、辞めようと決めていたし、最愛の妻と母は、

「どんな道に行っても大丈夫だよ」

と言ってくれていたなか、親方だけが最後まで引き留めてくれた。そのことが一番大きい。そうでなければ、すぐに辞めていたと思う。

大関にまで上がって、ここまで落ちた力士はいない。初めからいままで、自分のすべてを見てきたのが親方だ。あの怖い顔。鋭い眼光。でも、誰よりも温かい心で、弟子のことを常に一番に考え、守ってくれる。心身ともにボロボロになった私のことも、最後まで見放すことはなかった。

そんな親方のもとで、もう一度夢を追いかけたい——。

覚悟を決め、心に誓った私は、このときすでに前を向いていた。

15

人が離れていって見えてきたもの「何があってもすべて自分の責任 誰のせいでもない」

覚悟を決める前は、私にはまだプライドがあった。序二段にまで落ちて、そんな姿をさらしたら、みんなにカッコ悪いと思われるんじゃないか。それが嫌だった。

しかし、そんなことを知り合いの社長にぽつりと漏らすと、彼に、

「みんなそんなに深く考えていないよ」

と言われた。

一見、少しドライな考え方に見えるだろうか。しかし、これはどんな人にも言えることだ。例えば、周囲の2割が自分のことを好いてくれていて、2割が自分を嫌っているとしよう。では、そのほか6割という大半を占める人々はというと、「好きでも嫌いでもない」、つまり「なんとも思っていない」人たちなのだ。

多くの人は、そんなに私のことを、あなたのことを、いい意味で気にもしていない。周りからなんて言われるか、どう思われるかが気になるだなんて、思い上がりもいいところなのだ。

それに、社長はこうも続けた。

「いざ、やり出したら、〝カッコ悪いな〟じゃなくて、〝頑張っているな〟って思う人のほうが多いよ」

それを聞いて、ああそうかと思った。

たとえ「カッコ悪いな」と思う人がいたって、いいじゃないか。もし、一人でも「頑張っているな」と思ってくれる人がいるのならば、その人のために、もう一度土俵に立とうじゃないか。

それも、いらないプライドから離れるひとつのきっかけになった。

再出発のときほど、前向きに考えなければいけないと思った。過去のことを考えてばかりでは、前に進めない。前向きになるためにも、決めるべきことは今日決めるように。そして、決めたことは徹底してやる。徹底してやるためには、環境も自分で変えなければならない。

家出して、覚悟を決めた次の日。私はその覚悟をすぐさま行動に移した。専属でついてくれるトレーナーをモンゴルから呼ぶことにしたのだ。まずは、この1年間全力で体力作りに励もう。そう決めてのことだった。

モンゴルから日本へ来るためのビザは、1ヶ月しかもたない。そのため、三人のトレーナーを雇って、1ヶ月交代で来てもらうことにした。

専門家と話してわかったのは、まずは現状を受け入れた上で、いままでの3〜4倍努力しなくてはならないということだった。昔のような甘い考えでは、到底自分を追い込めない。162キロにまでしぼんだ体重を、筋肉で元に戻すには、相当な時間と労力が必要であることもわかった。

まずは筋肉をもう一度呼び起こすために、どのくらいの期間でどこまでいけるか、専門家に聞きながら、入念に復帰計画を立てた。

ただやみくもに太って体重を戻せばいいというものではない。数字だけを追うのではなく、いままで以上に両ひざを守るための筋肉と、相撲で使える筋肉を重点的に養う。そうやって、体の質を高めなくてはならない。

当時は、本当に体の張りも失われていて、体力も一般レベルに達していたかどうか。

そこから、一流の力士の体に持っていくためには、猛烈につらい筋力トレーニングが待っていることは容易に想像ができた。きついトレーニングで重いものを持ち上げるのに、なかなか自分一人で追い込むことは難しいと判断したので、専門家のもとに通うことにした。

それからは、場所中であるかどうかにかかわらず毎日トレーニングをする日々。２０１９年２月から始まった過酷なトレーニングは、復帰した翌年3月場所以降も続き、結果として１年半でたった20日しか休むことはなかった。

それまで、あんなにぶつかり稽古をしても、

「まだ足りない」

と言っていた親方が、ある日偶然ジムで会ったときに、初めて、
「ちょっと追い込みすぎだぞ」
と言った。でも、それだけやれているんだという気持ちになれた。

復帰の決意後、こうしたトレーナーさんをはじめ、実に多くの人にお願いし、私の復帰までの道を支えてもらった。現在は、筋トレの先生だけで4人、ひざの専門の病院の先生が2人、マッサージ師さんが3人、内臓の先生が2人と、体のことだけで11人もの人に関わってもらっている。そのほかに、家族・友人・部屋のみんな……と考えたら、私の活躍は50~60人もの人の頑張りで成り立っているといえる（私は、こうやって物事をすごく物理的に考えて整理する癖がある）。

その50~60人がこなす仕事を、自分一人では絶対にできない。土俵の上で頑張っているのは自分だが、見えないところでこの活躍のために頑張っている人たちがたくさんいる。そう感じると、あらためて覚悟を決めないといけないなと、いまでも思う。みんなそれぞれが必死に考えて、休む間も惜しんで私のために頑張ってくれているのだから。

それまでも、あらゆることを「みんなのおかげだな」と感じたことはあったが、やはりいままで以上に強く、その気持ちを胸に刻んだように思う。

支えてくれる一人一人に心から感謝していることはもちろんだが、こんなふうに、自分で自分の環境を作ることは非常に大切だと思う。いい人を、いかに自分の隣に置いておくか。せっかくいい人たちが懸命に支えてくれていても、悪い人が一人いるだけで、すべてのブロックが崩れていくからだ。

何か悪いことがあると、周りや環境のせいにする人が多いが、それは他人のせいではなく、すべて自分のせいだ。付き合う人間は、自分で見極めていかなければならない。

正しく見極めるためには、失敗も必要だ。最初から万人の本質を見抜くことはまず難しいだろう。だから、離れていく人がいても、そこで落胆せず、学習して、経験という糧にすればいい。そうすれば、前を向いて、次からはまたきっと素敵な出会いが待っていると思えるはずだ。

私の場合、落ちたら離れる人もいたが、その一方で、残って変わらず応援してくれる人もいた。せめて、後者の人たちを喜ばせたい。その人たちのために、頑張って結果を出すんだ。結果を出すだけで、彼らは心から喜んでくれる。私に、ほかに何をしてくれというわけでもない。そういう人たちとは、本当に今後一生の付き合いになるだろうと思っている。

あと、これはいつも親方が言っていることなのだが、番付が落ちれば人は離れる。しかし、本人が努力して番付を落とさなければよかったことだし、もっと言えば、そもそも離れていくような人間と付き合っていた自分が悪いということなのだ。

だからこそ、親方に言われたのは、

「すべて自分の責任だと思っていなさい」

ということ。究極は、何事も自分自身の問題として捉えることなのだ。その人が、そもそも離れていくような人だったのかもしれない。しかし、そうやって人から悪いところを探すのではない。負けても、そういう相撲を取った自分が悪いし、落ちたのも、自分の責任。離れた人は悪くない。だって、私が落ちなければ、その人たちだって離れていかなかったんだから。

いつまでも人のせいにして過ごしていれば、今後何が起こっても自省できない人間になってしまう。人や環境にではなく、自分自身の心に目を向けること。それによって、本当に大切な人と一緒に、何より自分が納得できる人生を歩むことができるようになるだろう。

一生の付き合いになる大切な人。それは、自分が悪い状況下でこそ見えてくるものだ。いま、コロナの影響で、たくさんの人や会社が苦しい思いをしていると思う。でも、そのなかで、いまは本当の仲間を見つけられるチャンスでもあるはずだ。

大切にすべき人かどうかは、実は自分がいいときにはわからないこと。いまは逆に、この未曾有の天災をプラスに考えたほうがいい。落ち込んだり滅入ったりする気持ちはわかるが、マイナスのことを考えると、マイナスのことしか起こらない。

いまは、一生の仲間を見つけられる大チャンス。こんなときだからこそ、前向きになることが重要だと、私は思っている。

「何が起きても、それはすべて自分の責任」
「これからは、そう考えていきなさい」
「そうやって人間は大きくなっていくから」

いま、まさに大変な思いをしている人にも、親方のこの言葉を信じ、そう考えていてほしい。日本の法律とか経営とかをわからない私が、偉そうに言うことじゃないけど、こういう気持ちさえあればもう一度奮起して頑張れるということを、私が身をもって学んだから。それだけは、みんなに伝えたい。

16

プラスへの転換が生き方を変える「周囲に感謝し、自分に正直になることで気持ちが前向きになる」

もうひとつ。

落ちるところまで落ちて、人生路頭に迷ったときほど、自分自身と正直に向き合うことが大切だと思う。正直になれるのは自分に対してだけだから、やっぱり最後は自分と話すこと。先に述べたように、私は一人で家を飛び出してまで、自分と対話する時間を設けた。

何かあったときに、メンタリストに相談する人は多いけれど、それより自分で自分と話したほうが、絶対にいいと私は思っている。家出したときもそう。わざわざ人に相談するより、自分と向き合うほうがいい。一番自分に正直になれるのは、他人じゃなくて自分と話すときだから。

日本の社会に出たことのない私が、偉そうに語ることでもないけれど、自分の経験から話をすると、

1．いまの自分を受け入れて、現状どこまで落ちているのかを把握する
2．これから何をしたら乗り越えられるか考える
3．そのためにどんな努力をしたらいいか考える

こんなステップじゃないかな。

特に男って、強がって、あんまり人前では言えないこともある。でも、自分と話すときだけは言えるでしょう？ 心の中で、

「おい、お前」

って、自分に向かってだったらできるはず。

それで、現状をまず考える。「もっとこうしていれば」とか「昔はこうだったのに」とか、余計なことは考えない。昔のことは捨てる。

じゃあこれからどうするのか。これからのために、いま何をするのか。それしか考えちゃダメだ。でないと、前に進めない。

でも、最初の一歩を踏み出せれば、あとは自然と少しずつ進んでいくから。焦らず、じっくり、自分と対話してみてほしい。

では、具体的にどうするか。まずは紙とペンを用意して、現状の問題を書き出してみるといいだろう。問題や課題が書けたら、次はなぜそうなったか、その問題が起こった原因を書く。そこから、自分自身に尋ねる質問を書いて、それに答えていけば、だいたい答えは見つかる。

私は、紙に書かないで頭で全部考えちゃうけどね。昔から考えるのは得意だったから。でも、最初はこうして紙に書いて可視化したほうがいい。書き出すことで、自分の頭の中もうまく整理される。

では、どんなときに人に相談すればいいか。人はだれでも、嫌な気持ちになることやイライラすることがある。そういうときに、誰かに話す。

私も、たまにイライラするときは、奥さんや照矢さん、駿馬さん、お母さんと、本当に自分のことをわかってくれている人に話して、スッキリするようにしている。

つまり、人に話すときっていうのは、自分が嫌な気持ちを吐き出したいとき。ただし、これは相手を選ばないといけない。

どんな人を選ぶか。まず、親は一番近くにいるだろう。親がいない人でも、人生でどんな人が近くにいるか、考えればいい。

信頼している人が一人でもいれば、その人に話してスッキリしちゃえばいい。本当の自分をわかっている人は、イライラしている自分のことも受け入れて、嫌な話はその場に捨ててくれるから。

私は、それをやり続けているから、みんなのおかげでストレスとうまく付き合えていると思う。

例えば、人間関係の悩みだったら奥さんに話すし、モンゴル関係だったらお母さんに相談する。相撲の話は、すべて照矢さんと駿馬さんに聞いてもらっている。

場所中、負けたときなんかは、照矢さんに話すか、駿馬さんに電話して、そこで怒りを吐き出して終わり。そのあとは冷静になれるから、冷静になった自分と対話して、きちんと反省会ができる。

それで、感情論ではなく、具体的な対処法を理解した上で、次の日また頑張れる。負けを次の日も引きずってしまう人は、きっとそれができていないだけだろう。

重要なのは、自分に正直になって、自分のなかで考えること。

それができた上で、人に相談したり愚痴を聞いてもらったりするのもいいのではないか、という提案だ。自分でまず考えることが大事だから、無理に人に相談はしなくていいと思う。


私も、一度下に落ちてからは順調に上がっているように見えるかもしれないけれど、実際は序二段でも三段目でも幕下でも十両でも、結構負けている。決して順調とは言えない。

ただ、いつのときも、目標を明確に立てて、順番にクリアしていった。その積み重ねだったのだ。

目標を立てずに人のせいにしてばっかりだと、前に進めないまま、腐って終わってしまう。自分も、もしそうだったら、復活など到底できていなかっただろう。

周囲に感謝し、自分に正直になる。いまつらい状況下にいる皆さんにも、この2つを信じて、実践してみてほしい。

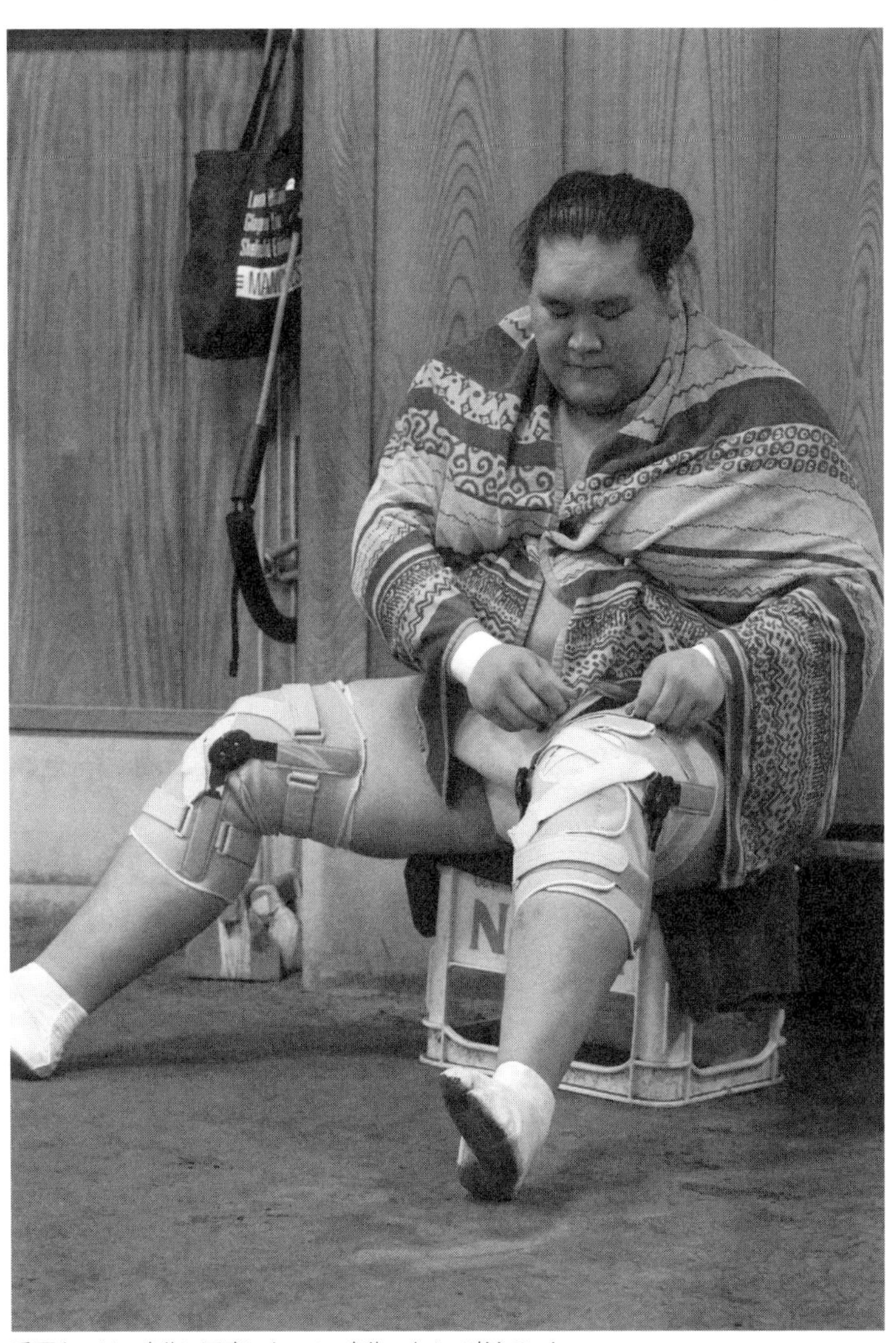

重要なのは、自分に正直になって、自分のなかで考えること

17

メンタルにもたらした好影響「1日24時間近くを相撲に費やせるようになった」

下に落ちたことで劇的に変化したのは、やはり精神面だった。

例えば、昔だったら、負けると悔しくてすぐにイライラしていた。

「俺はこんなに稽古しているのに、なんでこんな奴に負けるんだよ」

と、一度負けると次の場所で当たるまで、その力士の相撲を何度も何度も見る。稽古場では、その人のような相撲を取ってほしいとお願いして稽古もする。負けた相手のことは、次に勝つまでは、ある意味引きずってしまうのだ。

極端なことを言うと、

「俺、もう来場所は、〇〇と××にだけ勝てれば、あとは負けてもいい」

なんて、以前は言っていた。もちろん、同じ相手に連敗することだって多々あるが、そういう気持ちでいれば、いつか必ず勝てることも知っていた。

しかし、いまはそんなやり方はしていない。なぜなら、自分が絶対にやらなければいけないことを一生懸命こなす、それだけでいいと思っているから。

朝稽古する、昼寝する、ジムに行く、家に帰ったら相撲を見る。その繰り返しは変わっていない。

気持ちの切り替えのきっかけになったのは、昔、ある先輩に言われた言葉だ。言われたときにはなんとも思っていなかったことが、なぜだかふとよみがえってきて、当時の自分に大きな影響を与えた。

それが、

「お前は、1日24時間のうち、何時間相撲のために費やしている?」

という言葉だ。

「稽古場でも、本気で集中しているのはせいぜい1時間、筋トレもせいぜい1時間。24時間のうち、たった2時間しか相撲に集中していないじゃないか」

「それで横綱を目指しているなんて、甘いね」

と、ハッパをかけられたことがあったのだ。

それを言われたときは、まったくピンと来ていなかった。


しかし、一度落ちたときに、あらためてこの言葉を考えてみて、たしかにそうだなと思った。いままでは、適当に稽古して、食べたいときに食べて、遊んで帰ってきて、眠いから寝る。そんな生活だった。

そんな甘い行いで、成せることなどない。


気持ちを切り替えてからは、朝稽古4時間のうち、少なくとも2時間は集中して体を動かそうと思って取り組んだ。土俵の中で稽古をしている以外の時間にも、土俵周りで積極的にストレッチやトレーニングをし、集中して体を動かすようにした。

午後の筋トレでは、ジムで過ごす数時間のうち、少なくとも2時間は追い込む。稽古と同じで、集中して体を動かす時間を意識して、インターバル（休憩）とのメリハリをつけるようにした。

夕方以降、家に帰ると、ＹｏｕＴｕｂｅやＮＨＫの映像などで、たくさん相撲を見て研究する。現在ＹｏｕＴｕｂｅに上がっている、ありとあらゆる相撲の映像は、すべて繰り返して何回も見た。おそらく、見ていない映像はないと断言できる。

昼は、体を休めるために必ず1時間半は寝る。夜の睡眠も、強い体を作るための「積極的休養」。おかげで、夢にまで相撲のことを見るようになってしまった。

そうしたら、ほとんどの時間が相撲のための時間になってきた。１日のうち、本当に24時間近くを、相撲のためだけに費やすようになったのだ。

ひざのケガによって、もうそんなに長くはない私の相撲人生。毎場所、いろんな人に、

「ひざの調子はどう？」

と聞かれるが、そりゃあよくはならない。どんなケガもそうだが、うまく付き合っていくしかない。治すことより、これ以上悪くならないことを祈るのみだ。

また、綱取りや優勝など、大事な局面になると、よく、

「この場所は勝負だ」

なんて言われることがあるが、私にとっては、もう毎場所が、１日１日が、１分１秒が勝負である。１日たりとも気を抜いていい日はないし、実際に先述のような毎日

を送っているのだから。いまは、淡々とそんな気持ちで日々を過ごしている。

ちなみに、ひざと糖尿病両方のために、知人から「幹細胞治療」というものを紹介してもらった。私が受けたのは、自身の脂肪細胞を抽出して、体内にあるままの幹細胞を含んだ再生細胞を体に戻す治療だ。幹細胞であれば、移植した細胞が体内に留まる間に再生成分を出し続けて、損傷部位が修復されるとのことだった。

治療は約5時間ほどだったかと思う。脂肪が多いとはいえ、最小限の脂肪量で行ってもらうことにしたため、術後に内出血が見られたものの、痛みもなく翌日から普通の生活ができた。

手術後からは、ひざのために、専門のマッサージ師さんを雇って、リハビリにも取り組んだ。そのとき思ったことがある。

力士は皆、昔から、

「土俵のケガは稽古場で治せ」

と言われてきた。

私は、若い頃、

「そんなのバカげている」

としか思っていなかったが、筋トレをやり出してから、その言葉の真意を理解したのだ。

筋肉をつけると、ケガをした部分に来る負担が少なくなる。だから、ケガをしたら、鍛えて筋肉をつけて、より強い体づくりに励めということなのだ。

かつて、肩の脱臼癖があった横綱・千代の富士氏がそうだったようだ。肩周りのトレーニングを重ね、筋肉の鎧を身にまとった。

「稽古場で治せ」というのは、そういうことだったんだ。

一見、ただの古い根性論のように聞こえるこの言葉。現代の力士たちのなかには、嫌悪感を示す者も少なくないし、かつては自分もその一人だったが、ケガとトレーニングを経験したことで、自分なりに、そう解釈した。


ところで、本気でトレーニングをしようと心を入れ替え、人を雇ったり病院に通ったりしたことで、当たり前だがかなり出費がかさんだ。非常に心苦しかったが、お母さんの家を売ったり、モンゴルにある両親の会社から崩したりして、お金をやりくりさせてもらった。それを機に、お金のこともすごく考えるようになった。

力士として活躍するようになってから、大きなお金を持つようになって、それこそ湯水のようにお金を使ってしまう時期があった。お金の大切さは知っているつもりだったけれど、振り返ってみると、しなくてもいい出費をたくさんしていたことに気づいたのだ。

それに、人は一度豊かな生活を経験すると、手放すのにものすごく苦労する。なんとなく頭ではわかっていたが、実際に経験すると、それは思っていたより何倍も大変なことだった。

いままで、どれだけ浪費していたんだろう。これまでのお金の使い方もひとつの反省点となり、倹約を意識するようになった。入籍とともに、奥さんに通帳をそのまま預けた。それからというもの、家計管理はすべて彼女にお願いして、自分はなるべく必要なことにしかお金を使わないようにしているから、いまは安心だ。

それと、若天狼さんが昔から言っていたことで、いまもとても大事にしていることがある。それは、

「番付が上がると偉そうにする奴がいる。だけど、それは相撲で強くなっているだけで、偉くなったわけではない。勘違いする人が多いから、気をつけなさい」

ということ。

たしかに、力士は番付が上がるたびに強くはなる。しかし、「強い」けれど「偉い」わけじゃない。それを勘違いして、偉そうにしてはいけないのだ。

まだ上に上がる前に、若天狼さんから言われたこと。これをずっと胸にいままでも生きてきたけれど、陥落して這い上がっていく過程で、あらためて胸に刻んだ。それによって、具体的な行動も変わってきた。

ケガをしてからは、昔は付け人にお願いしていた、例えばプロテインを作るなんてことも、全部自分でやることにした。どんなに強くなったって、どんなに周りがちやほやしてくれたって、自分でできることは自分でする。してもらうことには心から感謝する。それを忘れてしまったら終わりだな、と思った。

いままでも、偉そうにしていたつもりはなかったけれど、下に落ちたときに、もう一度その大切さを噛み締めることとなった。

18

生まれて初めて感じた緊張「自分を応援してくれる人のためにも再起を誓う」

２０１９年３月。大阪場所。

私はついに、約1年ぶりに復帰を果たすこととなった。再スタートの番付は、西序二段48枚目。落ちるところまで落ちたが、これまでのトレーニングやリハビリの成果を、ついに発揮する舞台が整った。

ところが。

初日の朝。宿泊場所から、奥さんに車を運転してもらって場所に向かうのだが、その車内から妙に落ち着かない。体がうずうずしてしまって、なんだかいままで味わったことのないような感覚に襲われていたのだ。

「嫌だなー」

「行きたくないなー」

正直、当時はまだ体はぶよぶよだったから、そんな体でまわし姿をさらすのは恥ずかしいと思っていた。このまま相撲を取るのかと思うと、嫌だなあとばかり思いながら車に揺られていた。

会場入りして準備を終え、いざ花道に立つ。すると、またしても、これまで感じたことのない異様な感覚に包まれた。

ドクン、ドクン、ドクン……。

自分の心臓の音が、まるで耳元で鳴っているかのように近くで聞こえる。落ちた体重を戻したはずの体も、ふわふわしていてなんだか軽い。

これ、やばいな……。

直感的にそう思ったが、だからといってどうにもならない。仕方がないので、ふわふわした感覚のまま、花道を一歩、二歩と歩きだした。

すると、場内に入った途端、

「照ノ富士ー！」

「頑張れ照ノ富士！」

なんと、自分の名前を呼んで、熱心に応援してくれる人がいるではないか！　それも、一人や二人ではない。まだ人もまばらな序二段の土俵にもかかわらず、場内のあちこちから声援が聞こえてくる。

驚くと同時に、いまの自分の状態をようやく悟った。

これってもしかして、〝緊張〟――？

それからのことは、あまり覚えていない。自らの大きな鼓動を聞きながら土俵に上がったはいいが、どう相撲を取って、どう勝ったのかも。勝ち名のりを受けている間も、土俵を降りて花道を下がる間も、心臓が狂ったように跳ね上がり、手足は震えて

土俵に帰ってきたときは緊張も経験

いた。

これが緊張かぁ……。

そう思いながら花道を下がると、見慣れた顔を見つけた。照矢さんだ。

なんだか心底ホッとして、照矢さんに歩み寄りながら、

「緊張したあー！」

と、つい漏らしてしまった。

もともと自分は、緊張とは無縁の男だった。なぜかははっきりわからないが、おそらく自分のやっていることに自信があるからかもしれない。昔は特に、

「これだけ稽古して、これだけやって

いるんだから、この目の前の一番が何だっていうの？」

「俺より稽古している奴なんかいないだろ？」

という感じだった。

いまだって、これだけトレーニングして、これだけ稽古しているんだから大丈夫だと、日々やっていることに自信をもって、取組に臨んでいる。だからこそ、負けたら悔しいのだが。

反対に、〝負けたらどうしよう〟と思ってしまうと、緊張するだろう。緊張しないためにどうしたらいいかと聞かれたら、私の答えは、

「自分に自信をもてるくらいの準備をすること」

になるだろう。

だからこそ、あのときの緊張がなぜ起こったのか、いまでもよくわからない。相撲を取るなかで、緊張したのなんて初めてだった。これからも相撲を取っていくので、あれが最後になるかはわからないが、いまのところは、緊張を味わう「最初で最後」の経験だったといえる。


緊張に拍車をかけた要因でもあったが、やはり、

「頑張れー照ノ富士！」

という声援が、耳に残って離れなかった。

落ちたときには、離れていく人がたくさんいた。でも、もう一度再起を決めて戻ってきたら、落ちても応援してくれる方がいたことに気づかされた。

その後も、例えば国技館で関取衆が帰るとき、その関取よりも自分の名前を呼んでくれる人がいた。

こんなに苦しいときに応援してもらっていることを実感したら、ただ頑張るだけではなく、しっかりと結果を出さなきゃダメだと思った。

応援してくれる人のために、もう一度関取の姿を見せる――！

私はまた、ここで新たな決意を固めた。

プロレスラー・浜 亮太さんが語る「仲間」照ノ富士

「みんなの記憶に残る力士になってほしい」

初めて照ノ富士関と会ったときは、僕はもう力士を引退して、プロレスラーになっていました。

昔から懇意にしていただいている若天狼関に呼ばれて、間垣部屋に行ったある日のこと。当時入門したばかりで、まだ髷も結う前だった横綱が、台所で皿洗いをしていました。言葉数は少なかったけれど、(鳥取)城北で約1年過ごしていたので、日本語は普通に喋っていました。

なにせ身長190センチ以上、体重もすでに160キロくらいありましたからね。大きかったんですよ。僕もびっくりして、

「天狼関、なんなんですか、あの子!」

「モンゴルから来た子なんだよ。ほっといたって、すぐ幕内上がっちゃうから」

なんて話していました。

その後、とんとん拍子で、あっという間に大関に上がって。僕は特に、彼が幕内に

上がってから、よく遊ぶようになりました。あのときはイケイケどんどんでね。いまみたいに落ち着いた感じじゃなくて、やんちゃでした。当時は、とにかくやんちゃなイメージが強かったなあ。

性格がもともと明るいので、話しているときは明るかったんですよ。でも、病気をしてからは、ずっと励ましてばかりでした。

僕が引退してから飛び込んだプロレスの世界では、戦い方でもキャラクターでも〝唯一無二〟であることが重宝されます。それと一緒で、

「この苦難も、角界で唯一無二になれるチャンスだよ」

と言って聞かせたんです。そんなときは、いつも何かしら口をはさむ横綱が、神妙な面持ちで話を聞いていましたね。

そこから、どう気持ちを切り替えて奮起しようとしたのか、細かいことは聞いていませんでしたが、久しぶりに戻ってきた土俵では、緊張したみたいですね。大関にまで上がった人間が、序二段の土俵で相撲を取るなんて、勇気がいることだと思いますよ。そういう面では本当に、成長したんじゃないでしょうか。

序二段まで落ちても、プライドをかなぐり捨てた。それだけでもすごいことなのに、序二段でも一生懸命相撲を取っていましたから、偉いなと思いました。相手を見下さないで、遮二無二やっている

のがわかりました。

とにかく、彼はこの困難を乗り越えて、本当に自立しました。テレビを見ていれば、その成長ぶりは、手に取るようにわかります。真面目になりましたし、立ち振る舞いが全然違いますよ。

もちろん、僕らの前ではいつも変わらないですけれどね。素のままというか、着飾らないので、以前との違いはありません。でも、やっぱり精神力が強くなりました。大関にまでなった人が、並大抵の覚悟では、序二段の土俵には上がれませんから。

僕自身は、驚異の〝若貴フィーバー〟の時代に力士をやっていて、本当に貴重な経験をしてきました。稀勢の里関の活躍くらいから、角界がまた盛り上がって「大相撲ブーム」などといわれていますが、若貴フィーバーを知る者からしたら、正直まだまだこんなもんじゃなかったんです。

当時は、曙関の付け人だったので、あのフィーバーを盛り上げていた横綱の一人のことを、すごく近くで見させていただいていました。そんな経験があるので、いまの照ノ富士関も、当時の若貴・曙関・武蔵丸関のように、これからもっともっと活躍して、角界全体を盛り上げてもらいたい。そんなふうに、力が入ってしまいます。

それに、私たち付け人は、曙関に本当によくしてもらいました。ハワイアンの曙関は、すごく陽気で、誰にでも気さくで優しくて、本当にいい思い出しかありません。

いまは、同じハワイ出身の小錦関なんかも一緒になって、よくしてもらっています。俺、ハワイ出身じゃないんだけどなあ（笑）。

照ノ富士関も、元来明るい性格で、みんなに優しい子です。周りから愛され、慕われる横綱になってほしいし、きっとそうなるだろうと確信しています。

両ひざに爆弾を抱えているので、横綱昇進後も、どれだけ取れるか不安だと本人は言っていますが、

「やれるだけやればいいじゃん」

と、僕は声をかけています。

横綱として二桁優勝もしたいと、以前目標を話していましたし、まだ若いから大丈夫。最後まで思い切りやって、みんなの記憶に残る力士になってほしいなと思います。

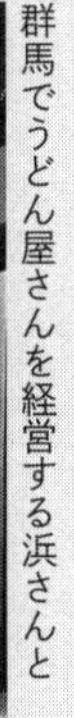

群馬でうどん屋さんを経営する浜さんと

19

復活の幕尻優勝と大関返り咲き「優勝しても喜びより安堵の気持ちのほうが強かった」

ド緊張の復帰戦をなんとか白星で終えた私。その場所は、おかげさまで7戦全勝。最後の優勝決定戦でこそ負けてしまったが、順調なスタートを切ったように見えるだろう。

しかし、三段目、幕下下位、幕下中位と、徐々に番付を上げていくなかで、負けることもあった。特に、三段目の土俵で迎えた5月場所は、勝ち越しをかけた4戦目で黒星を喫してしまい、自信を喪失してしまった。この頃は、まだ親方に、

「やっぱり辞めたいです」

なんて言いに行くこともあった。

ただ、5月からの3場所はすべて、なんとか負けを1でとどめ続けた。負けること

は悔しかったが、幕下でも勝っていけることを知り、もう一度自信を取り戻せた。自信さえ戻れば、結果も自ずとついてくる。

そして、西幕下10枚目で迎えた2019年11月の九州場所で、7戦全勝の幕下優勝。ついに、翌場所での関取復帰を決めることができたのだ。実に、1年半ぶりの関取復帰だった。

しかし、もうこの頃からは、何を成し遂げても、

〝うれしい〟

という感情はやってこない。いまもそうだ。十両への復帰を決めたとき、親方やおかみさんをはじめ、周囲はとても喜んでくれたし、自分でもよかったとは思ったが、どちらかというと、

〝ホッとした〟

そんな心情だった。

ひざはまだまだ万全ではなかったが、生活改善とトレーニングの成果もあって、場所を重ねるごとに体の張りも動きもよくなり、体調は快方へと向かっていった。体力

の戻りに引っ張られるように気力も戻り、十両に復帰した2020年1月には、かなり具体的な復帰プランを立てていた。そのひとつが、

「7月場所での幕内優勝」

だった。

まず、十両復帰となる初場所では、二桁勝利、もしくは十両優勝も夢ではないと思えた。1～2場所で十両を通過し、さらに1～2場所で幕内での優勝をつかみ取る。これは、当時の私にとって、単なる「夢」ではなく、明確な「目標」だった。立てた目標に対し、いまから何をすべきか。逆算して考え、それを一つ一つこなす。それだけだ。

「自分、今年の7月で幕内優勝します」

母に昔から言われている、

「発言には気をつけなさい」

という言葉を逆手にとって、このときばかりは周囲にそう豪語していた。決意を口に出し、周りにも聞いてもらっておくことで、自分を追い込むだけでなく、掲げた目標をさらに現実的に響かせるためだ。

そうして迎えた2020年初場所。私は13勝2敗で十両優勝を果たした。前の場所

2020年初場所初日

から引き続き、各段優勝の表彰の場に立てたことは、素直によかったと思っている。
ただ、この場所後から、角界や日本だけでなく、世界中に暗雲が立ち込めることになるとは、人類の誰も予想しなかっただろう。

そう、新型コロナウイルスの到来だ。

2月下旬頃から、本当に世界が一変してしまった。マスクの着用。こまめな手指消毒。人とのソーシャルディスタンス。避ける〝三密〟――。
未知のウイルスを前に、人間はこんなにも無力なのか。私たち力士は、日頃いったいなんのために鍛錬を重ねているのか。外出も制限されるなか、ふさぎ込んで考える時間も多かった。

迎えた3月の大阪場所は、なんと戦後の大相撲史上初の無観客開催。それはそれは異様な雰囲気だった。

もちろん、序ノ口の土俵などは、ほとんどお客さんが入っておらず、こんなものだったなあと思うのだが、関取の取組も、痛いほどの静寂のなかで行われる。何をしても、拍手や声援はない。行司さんの声や、力士がまわしをたたく音など、土俵上の音だけが虚しく響く――。

しかし、土俵に上がれば勝負は勝負だ。私たちがやるべきことは、普段とまったく変わらない。八角理事長は、初日の協会挨拶で、本場所を開催する意義を次のように語った。

「古くから、四股は邪悪なものを地面の中に押し込め、横綱土俵入りは邪気を払い、五穀豊穣を祈るものといわれてきました。力士の体は健康の象徴ともいわれます。床山が髪を結い、呼出しが柝（き）を打ち、行司が土俵を裁いて、力士が四股を踏む。こういった大相撲のもつ力が、人々に勇気や感動を届け、世の中に平安を呼び戻すことができるよう、15日間全力で努力していく所存です」

我々の戦う姿が、この状況下で苦しむすべての人々に、勇気と希望を届けられるなら——。

私自身は、この場所も変わらず淡々と目の前の一番に集中して取ることができた。そして、10勝と二桁を挙げ、次の場所での幕内復帰が決まった。

しかし、残念ながらコロナの猛威はとどまることを知らない。誰も予想だにしなかった大きな社会問題は、角界にも容赦なく襲いかかってきた。

幸い、私の部屋で感染者は出なかったものの、ほかの部屋ではクラスターも発生。力士や親方をはじめ、多くの協会員が、この未知の病に侵された。

そうして、次の5月場所は、感染拡大によって中止。協会も、苦渋の決断だったと思う。本場所が開催されないことは、私たち力士にとっても非常に心苦しい事実だった。と同時に、当たり前に開催されていた本場所が、当たり前ではなかったことに気づかされ、相撲を取れることへの感謝があらためて湧きおこる出来事でもあった。

翌7月場所は、開催地を名古屋から東京の両国国技館に移して、なんとか開催できることになった。お客さんの人数を制限したり、支度部屋での換気やマスク着用が義務づけられたりと、制約はたくさんあったが、それでも場所がないよりは何倍もいい。力士全員が、相撲を取れる感謝を噛み締めて、土俵に臨んだことだろう。

私はというと、幕内復帰の場所である。東前頭17枚目。幕尻だったが、どの番付にいようが、やることは変わらない。対峙する全員を倒すつもりで、目の前の一

2020年7月場所は名古屋から両国に場所を移しての開催。復活優勝を果たした

番に集中した。

結果は、宣言通り、7月場所での復活優勝を果たした。多くの人が泣いて喜んでくれたし、自分でもよかったと思っているけれど、やっぱりあの瞬間も、うれしいというよりホッとした気持ちだった。

「やった、これで一安心だ」

そんなふうに感じていた。

ただし、先に書いたように、照強の援護射撃をはじめ、本当に部屋のみんなで一丸となって臨めた場所でもあった。師匠やおかみさんを含む部屋のみんな、家族、友人、そしてサポートしてくれるすべての人に、感謝の気持ちでいっぱいだった。

その後、またしても順調に番付を上げていき、今年の3月には関脇で優勝。ケガと病気による大関陥落から、実に3年半の時を経て、再度大関という地位に戻ってくることができたのである。

呼出し・照矢さんが語る「横綱」照ノ富士

「ルーティンの最後は"ケガに気をつけて頑張って"」

インターハイで優勝した子が入ってくる。そう聞いて、鳴り物入りのその子を意識して見ていました。

横綱の第一印象を、

「大きくて驚いた」

と言う人が多いのですが、角界だとみんな大きいので（笑）、僕はそんなに、びっくりはしなかったかな。

日本語がある程度できる状態で来てくれたので、コミュニケーションをとるのに苦労はしませんでした。横綱は、鳥取城北高校に1年弱いたこともあって、生活するには問題ないくらい、入門当初からだいぶ喋れていました。

生活面に関しては、彼の素行が悪かったというよりは、強くなる子だと思ったので、僕と駿馬が口うるさく言っていた

取組後に照矢さんと

という感じです。何も知らない状況で強くなるのもよくないと思い、何かと厳しくしていたので、僕と駿馬は嫌われていました。

特に僕に関しては、稽古をするわけではないし、

「誰だお前」

という感じだったんじゃないでしょうか。番付も、一気に幕下まで上がったので、

「自分のほうが番付は上だし、なんなんだよ」

と思っていたんだろうなと想像します。

でも、強くなる子だと期待していたから、上に上がったときに恥ずかしい思いをするのはかわいそうだと思っていたん

です。とんとん拍子で上がって付け人の仕事もわからないままだと、人になんでもしてもらうことが当たり前になってしまいそうだったので、そういう思いであえて厳しく当たっていました。

ある日、差し入れで鮭が来たとき、僕がさばき方を教えようと思ったんですが、一回教わったらきっと次からずっとやらされると思って、逃げていたそうです。僕も忘れていた出来事で、だいぶ経って後から聞きました。

その後、伊勢ヶ濱部屋に移ってから、ふと二人きりで話す場面がありました。そのときに、

「自分は、本当に大督（照矢）さんと中板（駿馬）さんのことが嫌いでした」

「でも、全部自分のために言ってくれていたんだとわかったので、その節はありがとうございました」

と言われたんです。ちょっと泣きそうでした。そこからですね、距離が縮まったのは。

間垣部屋は、僕が入った頃はたくさん力士がいましたが、徐々に人が減ってベテランだけが残り、まるで家族のようになっていました。そのなかで、横綱は一人若かったし、周りも将来を考えて厳しくしていた。

でも、たくさんの力士がいる伊勢ヶ濱に移籍して、ほかの若い子と兄弟子たちの関係を見て、そう感じたのではないか

なと思います。時間の経過や環境の変化によって捉え方が変わったのだとしても、そういうことに自分で気づけて、

「ありがとうございました」

と頭を下げてくる。やっぱり賢い子だし、すごいなと思います。

一方で、落ちていたときは、

「辞めます」

としか言わないし、さすがに落ち込んでいました。ただ、僕はどちらかというと、復帰してからのほうが、駿馬もいなくなって接する機会が増えたので、いままで知らなかったことを知るようになりました。

トレーニングや体のことに関しても、いろいろ考えているんだな、自分に厳しく追い込んでやっているんだなとわかりました。若い頃ももちろん頑張っていたけれど、そのときはいまほど距離が近くなかったので、僕が知らなかっただけです。昔といまの違いがそこまでわかるわけではないのですが、ストイックな姿を見て、純粋にすごいなと思っています。

現在コロナ禍で、場所入りするとき、お相撲さんは地下駐車場から入っています。僕ら呼出しは、普段は花道に座っていますが、密を避けるために、花道奥にもいすを置いてもらって待機しています。そこで、地下駐車場から入ってくるお相撲さんとすれ違うことがあります。

ある日、横綱の場所入りのときに花道奥で会いました。しかし、その次の日に会わなかったら、

「照矢さんはどこ？」

と言っていたというのを聞きました。それ以来、横綱の場所入りのタイミングでは、僕もそこにいるようにして、いまは支度部屋まで一緒に歩いています。

東支度部屋の場合は廊下が長いのですが、西の場合はすぐ近くなので、西の日は僕が地下駐車場まで行って、そこから話しながら歩きます。

そこで、今日の作戦を教えてくれたり、他愛のない話をしたりしています。そして、最後に必ずひと言、

「ケガに気をつけて頑張って」

と言って、送り出すんです。この一連の流れを、本人もルーティンだと思ってくれているので、僕もいつも気にして、付け人に入り時間を聞いて、待機するようにしています。聞いていた時間よりも早く来られると、走って追いかけることもありますよ。

花道では、モードに入っているお相撲さんが多いと思っているので、僕から話しかけることはありません。土俵入りの行き帰りや、取組から帰って来たときにアイコンタクトをすることはありますが、それ以外では視線も合わさないようにしています。横綱に対しても同様です。

だからこそ思い出深いのは、横綱が序

二段で復帰した初戦のこと。勝って、花道へ戻ってきたときに、

「緊張した〜！」

と言ったので、〝おお珍しい！〟と思いましたね。

いままで、いろんな場面で、

「緊張する？」

と聞いても、ずっと、

「いや、しないです」

としか返されなかったので、自分から言うなんて相当だったんだなと思ったんです。

あの場所は、横綱の場所入りも朝早く、僕とだいたい同時くらいで、毎回一緒に行っていたので、いい思い出です。

あとは、幕下に上がってきた名古屋場所。僕の出番で、横綱を呼び上げる機会がありました。そんなことはもう一生ないものだとずっと思っていたので、すごくうれしかったのを覚えています。この2場所は、復帰に向けて思い出深いところです。

いまは、普段から一緒にいろんな話をします。他愛ない話から真面目な話まで本当にいろいろです。最初は嫌われてたから（笑）、いまはなんでも相談できる近しいお兄さんのように思ってくれているなら、うれしいですね。

20

いま振り返る自分の生き方「相撲で絶対負けないという信念は変わることがない」

幕尻での復活優勝を遂げたことで、世間からの注目度も一気に高まった。リモートでの代表取材から始まり、新聞や雑誌、テレビなどの取材は連日のようにあった。

そんななかで決まって言われてきたのが、

「昔は調子に乗っていたけど、いまは落ち着いた」

「当時といまの照ノ富士は違う」

といったエピソード。

実際、それは自分でも間違っていないと思う。最初に大関になったときは、自分もまだ23歳と若かったから。

でも、だからこそ逆に、そう言ってくる人たちに問いたい。

人ってみんな、誰でもだいたいそうじゃないの？って（笑）。

私は、理不尽なことや理にかなわないことを言われるのが、性格的に本当に嫌で、昔は嫌だと思ったことはすぐに口に出していた。きちんと言って、それでも相手に伝わらなければ仕方ない、ということだ。

この件に関してだって、本当は言い返してやりたかった。しかし、いまは違う。男として、やっぱり飲み込まなければならないことも多々ある。だからこそ、そういうときは、

「黙って土俵で見返す」

そんな考えでいる。

とにかく自分は、自分のいまの生き方で満足しているのだ。人に影響されず、自分が正しいと思った道をずっと歩んできたから。

自分でちゃんと考えて、いいことはいい、悪いことは悪いと判断する。力のある人だからといって、その人が間違っていても味方をするなんてことは、できない。

人間は、どうしようもない生き物だ。後悔したり、過去を引きずったり。でも、過去はもう終わったことだから、私は考えても仕方ないことで頭を悩ませたくない。

「あのときの照ノ富士と、いまの照ノ富士は、何が違うんですか？」

と聞かれても、人間は、成長するたびにどんどん変わっていく生き物だ。どんな人も、変わらなければ、つまり成長していないということになる。

私はこれまでの人生のなかで、何事もあとから後悔することがなかった。イケイケだった自分が正しかったか正しくなかったかと問われれば、正しくないこともあったかもしれないけれど、それも含めてよかったんだと思っている。

怖いもの知らずだったし、調子に乗っていたと言われるが、いまはいろいろなことを経験して、いろんなことをわかっているんだから、それでいい。正しくなかったかもしれない過去の自分を否定したくない。

ただ、変わるのは考え方だけで、信念が変わるわけではない。変わらない信念とは、例えば私にとっては、相撲で絶対負けないこと。大切な人を大切にすること。成長と共に考え方が変わっても、自分のなかで変わらないものだけもっていればいい。

そんなようなことを、1年前くらいに考えた。これでいいじゃないかと。

すると、面白いことに、昔から好きなＡＫ－69というアーティストが、まったく同じことを歌っていた。

過去の自分に語りかける
そのままで良いと
何も間違っちゃねえぞ
（ＡＫ－69／No Limit～この映画のあらすじなら知ってる～）

だからこそ、20代前半で大関になって、いますでに落ち着いた精神をもっている貴景勝関は、私より5つも歳は下だけれど、本当に尊敬している。逆に、若いのにすごく人間ができすぎていて、気持ち悪いくらいだ（褒めてるよ・笑）。

私の大関復帰場所となった今年の5月場所。横綱不在のなか、我々は2大関として優勝争いをした。２敗だった私と、３敗で追いかける貴景勝関が、千秋楽の結びで当たったのだ。

本割では、私が彼に負けてしまい、優勝決定戦にもつれ込んだ。そして、明暗を分けた決定戦。結果として、私が勝って賜杯を手にした。

貴景勝関の立場に立てば、なんて悔しかっただろうと思う。私だったら、悔しくて叫んでいるだろう。でも、彼は違った。

取組が終わった後、西の支度部屋にいた私は、表彰式のために東の支度部屋へ移動

した。すると、そこにいた貴景勝関が、私の姿を見るや否や、私のもとへ歩み寄り、

「おめでとうございます」

と言って、両手で丁寧に握手をしてくれたのだ。

なんという男だろうか！


それだけではない。彼は、小さい体で徹底した突き押し相撲を貫いているが、そこにも彼なりのポリシーがある。昔から、

「その相撲では関取になれない」

などと言われてきた。それでもめげずに番付を上げて、関取になれば、

「幕内にはなれない」

幕内に上がれば、

「三役には上がれない」

と、言われ続けてきたのだ。

そんなふうに言い張る者たちに対し、反論さえすることなく、ついには大関にまで登り詰めた貴景勝関。男として、黙って番付で見返し続けてきたのだ。自分の信じた相撲を貫いて、しかも結果を出している。

こういう精神を持ち合わせているから、私は彼が年下だろうと、心から尊敬している。後輩から学ぶことも多いのだ。貴景勝関はまだ若いけれど、根性が違うよ。ケガに苦しんだとしても、その強い精神力で、ここからさらに力をつけてくることだろう。

また、歳が同じくらいで、私がこれまで〝ライバル〟のような感覚で意識してきたのは、高安関である。正確に言うと、ライバルという感覚はなかったが、苦手意識をもって、絶対に負けられないという気持ちをずっと抱いていた。

なぜなら、稽古場から力を抜かずに取り組んできたのは、高安関と自分だけだったからだ。若い頃、横綱に対しても、臆せず果敢に向かっていたのは、高安関と自分だけ。歳も2つしか離れていないし、昔から本当に根性のある力士だなと思い、尊敬していた。

力の強さもお互いにわかっているから、本場所ではいまだに負けたくない。ただ、高安関も腰などの大きなケガを乗り越えている。彼本来の強さは知っているから、負けたくない気持ちと同じくらい頑張ってほしいと思っているし、これからも一緒に切磋琢磨していきたい。

常盤山部屋・貴景勝関が語る「先輩」照ノ富士

「大関が横綱を語るのは失礼なことだからこそ一生懸命に横綱を目指したい」

僕が角界に入ったとき、照ノ富士関はすでに幕内で、直接喋ることができるような存在ではありませんでした。闘争心があって、外四つや肩越しからの上手など、スケールが大きく、常識的ではない相撲も強みだなと思っていました。

同じ部屋の親方だった貴ノ浪関も外四つが得意だったので、自分とスタイルが似ている照ノ富士関にすごく期待していると話していました。

でも、当時といまとでは、相撲スタイルが全然違いますよね。身長の高い人が、しっかりひざを曲げられるのは理想ですし、さすが横綱だなと感じます。

2017年の名古屋場所。僕は上位初挑戦の場所で、初日でいきなり大関の照ノ富士関と当たりました。それが照ノ富士関との初戦です。勝ったんですけど、たまたま勝っちゃった感じです。力を出し切ることができたなと思ったくらいで、自分のほうが強いとは思えませんでした。

その後、照ノ富士関が序二段からカムバックしてきたときは、本当にすごいなと思いました。僕も大関なので想像できますが、黒まわしを締めて土俵に上がることが、どれだけ精神的にきついか――。歯がゆい部分もあったと思うし、普通の人だったらもう辞めているだろうに、頑張って戻ってきて、さらに横綱にまでというのは、精神的に強くないとできないことだと思いました。

ケガについて、世間や周りは、「治したらすぐ優勝争いに絡めるよ」と言ってくれて、とてもありがたいんですが、やっている本人としては、そんな保証も自信もないんですよね。ケガをおして出場するか、しっかり休んで治すのか、結局決めるのは自分です。横綱にも、その経験があったと思います。

もちろん、休んだほうが早く治るのはみんなわかっているんです。でも、痛いのを我慢して出ることで、勝ち負け以前につかめることもあります。

僕は、幕下13枚目の場所で、右手で相手を突いたときに手の甲を折ってしまいました。葛藤はありましたが、出場する選択をした。手の甲が痛いと、長くは押していられません。右手が当たったらすぐに離して左手で突くようにしたら、いままでできなかった突っ張りが、その場所で自然とできるようになったんです。

このように、本人にしかわからない、出場して得ることもあると、自分は思っています。


照ノ富士関と優勝を争った今年の5月場所。決定戦で負けたとき、純粋にもっと頑張ろうと思ったんですよね。自分の作戦でミスしたとか、失敗して負けたのではなく、実力で負けてしまった。そのときに、素直にもっと強くなりたいと思ったんです。

僕も力を出し切って負けたし、勝負はもう終わっているから、そこで意地を張っても仕方ないので、あの場所に関しては「おめでとうございます」という気持ちで、握手しに行きました。

実は僕も、大関に上がった瞬間は、ちょっと調子に乗ってしまったんです。調子に乗っているつもりはないんだけど、周りも「大関」って呼んでくれるし、いままでと待遇が違うので、流れでそうなってしまった。

でも、僕は新大関で休場して、すぐ関脇に陥落してしまいます。そこで、いままでちやほやしてくれていた人は、全員いなくなっちゃったんです。でも、自分のために怒ってくれたりアドバイスをくれたりしていた人は、落ちても態度が全然変わらなかった。それが、精神的にとても勉強になったんです。

母校である埼玉栄の山田先生はじめ、自分が弱いときからずっと応援してくれている人は、落ちたときに余計に頑張ろうと言ってくれた。そのありがたみがよくわかったし、ちやほやしてもらうことは、自分のために何もならないんだなということにも気づきました。

僕のなかでは大きなことでしたね。いままで応援してきてくれた人たちを大事にしようと、さらに思えた出来事でした。

僕はまだ関脇まででしたが、横綱は序二段にまで落ちているので、僕とは比にならない経験をしたと思います。

大関が横綱を語るのは失礼なことです。大関に横綱の景色はわからないし、横綱を語れるのは横綱しかいない。照ノ富士関にしか見えない景色が必ずあるはずですから、自分が語れることは何もありません。しかし、自分も早く横綱になりたいという気持ちはあります。横綱と大関は、場所中の支度部屋で明け荷が隣なので、すぐ横で照ノ富士関が綱を締めているのを見て、あらためて自分もなりたいと、強く思いましたね。

10歳で相撲を始めてから、ずっと横綱を夢見てきて、あとひとつの番付にまでいま来ています。相当難しいものが待っていますが、辞めたときに後悔しないよう、一生懸命になって横綱を目指したいと思います。

田子ノ浦部屋・髙安関が語る「ライバル」照ノ富士

「同時期に一緒に相撲を取れたことは僕の相撲人生の糧」

僕がまだ22歳の頃。名古屋場所前に、二所ノ関一門の連合稽古がありました。そこで、当時まだ入門したばかりの照ノ富士関に会ったのが最初です。彼は2011年5月の技量審査場所で初土俵、その後の連合稽古だったので、まだ髷は結っていなかったかな。

いい体をしていて、そのうち幕内に上がってくるんだろうなという印象がありました。若い衆と稽古していても、スケールの大きい相撲を取る。上背も体力もあるから、力がついてきたら上位で当たるだろうなと思っていました。

プライベートで話す機会は、いまは特にコロナ禍なので、ほとんどありません。以前、稽古で会うことがあったくらいです。でも、お話し好きな、楽しく明るい人柄なのは知っていますよ。横綱になっても、本質は変わっていないと思います。マイペースな横綱ですから、これからも自分のペースで自分らしくいるのではないでしょうか。

彼が幕内に上がってきてからは、よく稽古しました。若手だったので、負けたくないという一心です。二人で一緒に、とにかくたくさん稽古して、お互い泥だらけになって。

僕たちは二人とも、白鵬関や日馬富士関にも臆せず向かっていきました。照ノ富士関は、日馬富士関に相当厳しい稽古をつけられていたのを、巡業でも稽古場でもよく見ていました。周りの力士と違って、出世欲がありましたね。誰よりも強くなってやろうという気持ちを感じました。

照ノ富士関には日馬富士関が、僕には稀勢の里関がいて、二人とも部屋に横綱がいますから、僕は自分が注目されたい一心だったし、照ノ富士関も、俺も一緒に肩を並べるんだという気概だったと思います。

上に上がりたいという気持ちをもっているのは、お互いわかっていました。同じ境遇のなかで、同時期に一緒に相撲を取れたことは、僕の相撲人生のひとつの糧になっています。

照ノ富士関のほうが、僕より先に大関になりました。自分も当時はまだ若手と言われていましたが、自分より若い力士が先に上に行ったのを見て影響を受けたし、何より悔しい気持ちで、それをバネに頑張りました。

もちろん、彼は大関に上がるだけあって、当時から強かったので、力負けしたこともありました。でも、〝照ノ富士関を倒す〟というのが、本当にいい目標となり、奮起できました。絶対に負けたくない力士の一人ですから。

その後、自分も大関に上がって、一時期は二人で大関となりました。しかし、照ノ富士関が、ケガと病気に倒れてしまいます。体がしぼんで力が出なくなった相撲も、間近に見ていました。

幕下に落ちるだけでも、相当な覚悟がないと上には上がれないのに、ましてや序二段にまで落ちてしまって、正直もう上がれないんじゃないかと思ったら、すごく悲しかった。

だからこそ、再起してほしいという願いがありました。遠いモンゴルから来て苦労してきたでしょうし、もう一回上がってきてほしいなと。自分から声をかけることはできませんが、心の中では応援していました。本当に、戻ってきてほしかった。

そうして、序二段からまた復活してきてくれました。照ノ富士関の周りでサポートしてくれる方々がたくさんいたと思うので、気持ちも新たに頑張ってこられたんでしょう。すごく恵まれた環境にいるなと、僕から見ても思います。

自分も、その後ケガで大関から陥落して、度重なるケガで幕内下位にまで落ちてしまいました。かたや、照ノ富士関は、順調に番付を戻して、再度幕内に戻ってきました。そこで数年ぶりの対戦が実現したんです。

僕も、もちろん照ノ富士関ほどではありませんが、ケガを乗り越えるために、精一杯努力してきたんですよね。そのなかで、照ノ富士関には、自分を超えるくらいの悩みや苦しさがあったのに、それを乗り越えてコツコツ頑張ってきたんだなと感じました。

自分も、番付を落としてそういったことを理解したので、感慨深い取組でした。やはり挫折というものは、経験した人にしかわからないことですから。

照ノ富士関は、もともとのポテンシャルも高かったので、絶対に上位に上がらないといけないお相撲さんだと思っていました。高い壁にぶち当たっても、破竹の勢いでまた番付を戻してきたので、本当にすごいの一言です。自分も負けられない、まだ頑張らなきゃいけないという気持ちになり、またしても影響を受けました。

現在は、照ノ富士関にも僕にも家族がいるので、そういう部分でも共感できますね。やっぱり、家族がいるかいないかで、モチベーションはがらりと変わります。独身のときは自分のためだけだったけれど、いまは家族のため。飯を食わしていかなきゃという気持ちでやっていますし、本当に中途半端なことはできません。

日頃の積み重ねに重点を置いて、日々しっかりやっていこうと、心構えや相撲への姿勢が変わりました。

照ノ富士関は、ついに横綱への昇進も果たし、これからまだまだ長く横綱を張っていかれるのではないでしょうか。相撲も、見た感じはもう何も問題ないですからね。もちろん、ケガの状態を含め、どこまでできるかは本人にしかわからないんですが、あれだけ盤石ないい相撲を取っているわけですから。

取り口や内容も、最初に大関に上がったときと、今年1年では全然違います。一回りも二回りもパワーアップして帰ってきた、そんな感じです。すべてに対して厳しく、スキがない。力強い安定感のある相撲を取っていて、本当に横綱にふさわしい相撲だと思います。

相手を力任せに振り回して勝ってやる、パワーで圧倒してやるという相撲ではなくて、理詰めで綿密な相撲になっているように感じます。足の取り方ひとつにしても勉強になるし、僕もこれから真似しますよ。

ライバル心を持たれているのは、彼の顔つきでわかります。土俵上で顔を合わせるたびに、とても鋭い顔をしていますからね。

しかし、胸を借りて一生懸命ぶつかっていきます。もう彼は横綱ですから。横綱に勝てるように、そして、自分も早く追いつきたいという気持ちをモチベーションに、照ノ富士関を目標にして、精一杯頑張りたいと思います。

まだまだ、相撲人生はこれからです。

2015年の夏巡業で髙安関と

21

ついに叶った横綱への昇進「横綱になって自然と責任感について考えるようになった」

昔から、横綱を目指して取り組んできた。大関復帰後の伝達式でも言った通り、「さらに上を目指して精進いたします」

その気持ちはずっと変わらない。

大関とはどういう地位かとよく聞かれたが、私がずっと目標にしてきたのは横綱だ。大関は、自分のなかでは通過点でしかない。ただ、大関にならないと次の目標に進めないと考えているだけだった。もちろん、大関も協会の看板力士であり、責任をもって取り組んでいたが、もし目標が大関だったら、きっとそこで終わり。あとは下に落ちるか引退するかだけだっただろう。

12勝3敗の成績で5月場所を制した私は、大関復帰2場所目にして綱取りに挑むこととなった。

緊張は、やはりしていなかった。このチャンスをつかもう。それだけだ。いつもと同じで、いままでやってきたことを信じてやるしかない。

ただ、場所前は、自分でも気づかぬうちに力が入りすぎていたのだろう。稽古しすぎてダウンしそうになった。トレーナーさんに見てもらって、休みを入れたことで、体調はだいぶよくなった。

自分の体のことながら、自分では気づかないこともある。そうやって第三者の客観的な目で見てもらえることは大変ありがたい。おかげで、場所に臨む頃には、ケガも体調もいつも通りだった。

場所中の精神状態より、場所前の調整がうまくいけば自信をもって臨める。反対に、場所前の調整に不安があると、場所でも自信をもって取れない。7月場所の前は、いつも以上にその調整がうまくいったといえた。

いざ土俵に上がれば、やることはひとつ。この一番に全力をかけること。なんせ、稽古場でやってきたことしか、本場所では出ないのだ。

毎日落ち着いて取っているから、結果に一喜一憂はしない。負けたら自分が弱かっただけ。勝ったら勝ったで、ホッと一安心していく。そういう感覚だ。

とはいえ、初日から結果はついていきた。日々白星を重ねながら、横綱にふさわしい相撲はどんなものだろうと考えながら相撲を取った。

そうして、14日目まで全勝のまま、千秋楽を迎えた。相手は、同じく14戦全勝できていた、横綱・白鵬関だった。

この一番は、正々堂々と力を出し切ろうという思いだった。横綱になるには、あそこまで優勝してきた白鵬関を倒さなくてはという気持ちもあった。

しかし、結果的に、私は負けた。気迫あふれる白鵬関の全勝優勝で、7月場所は幕を閉じた。

無論、悔しかった。負けて悔しがれないようであれば、相撲を辞めたほうがいい。立ち合いのかちあげだって、想定内だったはず。ただ自分が弱かっただけだ。力を出し切ろうという思いは向こうも一緒だったと思うから。

しかし、自分にとっては、土俵に上がれば誰が相手でも一緒。多くの人にとっては、あの一番のことは気になるのかもしれないが、私は過去にこだわることはしない。ひとつのことに固執して、いつまでも引きずることはしたくないのだ。

優勝こそ逃してしまったが、14勝1敗、準優勝の成績で、次の場所での横綱昇進が決定した。実感はなかったが、長年のひとつの目標が実現した瞬間だった。

私はこの数ヶ月で、横綱という地位やその品格について熟考する時間が増えた。そのなかで、いまのところ言えることはこうだ。

品格とは、その人の生き様であり、すべての人に理解されるものではない。よって、品格とはこういうものだと、明確に言葉で表せるものはない。

人によっては、勝つことが品格かもしれない。勝負師たるもの、勝つこと前提で戦っているし、勝ってなんぼの世界なので、それはそれでいい。白鵬関を叩く人もいるが、逆に勝負師として、勝つことの大切さを学んでいる人もいるわけだから。

人によって、品格というものの捉え方や考え方が異なる。つまり、品格とは、個々に「この人はこういう定義で捉えているんだな」と、見て気づくものなのかもしれない。

例えば、貴乃花氏のことをかっこいいと思う人もいるし、白鵬関をかっこいいと思う人もいる。それは、その人の見方で変わるもの。つまり、万人の価値観に合わせてふるまうというのは、１００パーセント無理なのである。

では、自分にとっての「横綱の品格」の定義は何か。

「横綱」というのは、すべての力士が目標としている地位であり、自分が上がった以上は、みんなの目標であり手本となる存在にならなければいけないという思いがある。

上に立つ者として、勝負を〝受けて立つ〟立場になるのだ。それを理解した上で、土俵の上でも土俵を降りたところでも、横綱というのはこういうものだと、最後に自分で胸を張って言える生き方をしたいと思っている。

だからといって、

「俺は俺だからなんでもしていいんだ」

という解釈をしてしまうと、それは間違っている。横綱になった人は、どういう生き方をしなくてはならないのか。どういう振る舞いが求められているのか。それは自分で考えて、これからの自分の相撲で証明していきたい。それが、横綱・照ノ富士にとっての生き様になるのだから。

まずは、横綱という地位がどこから来ているのか、横綱土俵入りにはどんな意味があるのかなどを、あらためて勉強していきたい。文献もあるし、師匠という身近な存在に教えてもらえることも心強い。その上で、照ノ富士らしさと横綱らしさを両立していけたらいいのではないだろうか。

いままでは、ただ必死に横綱になることを目指してきた。今後は、責任を感じることもあるだろう。

上に立つ者は、下から出てきた人間に負けると、騒がれる立場にもなってくるので、覚悟と責任感をもってやるしかないと思っている。

伝達式では、

「不動心を心がけ、横綱の品格、力量の向上に努めます」

という口上を述べた。

親方とおかみさんと三人で相談した際、親方に、

「横綱とは、品格が問われる、みんなの見本となる存在」

「これからの生き方や土俵での姿勢を見られていると思っていないといけない」

という話をされて、それらを踏まえて決まった口上だった。

横綱昇進の伝達式での様子

品格という言葉は、当初から私も入れたいと望んでいたし、「何事にも動じない精神をもちたい」と伝えて、親方とおかみさんが教えてくれた「不動心」という言葉も、私も大変気に入っている。

なにより、発言することで、ただ自分のなかで思っているだけではなく、実際にそうありたい、そうならなくてはいけないと思うようになるから、その思いが行動として表れる。

カッコいいことを言って失敗するのが一番カッコ悪い。自分がこれからどう生きていきたいのか。ありのままの気持ちを素直に表現できたのは、とてもよかったと思っている。

ただ、伝達式が終わっても、綱打ちが終わっても、横綱になった実感はあまり湧いていない。一番湧いているのは、責任感だ。プレッシャーはないのだが、横綱としての責任や、今後の姿勢、皆の見本にならなければならないということばかり感じている。

でも、土俵上ではいままでと変わらず、常に磨いてきたことを精一杯やるだけ。人の真似をするのではなく、自分のなかの自分を磨いていく。それで自分のなかの横綱とはこういうものだと、生き様で証明する。

それを批判する人もいるかもしれないが、だからといって何かを変えるわけでもない。あこがれの存在の地位だから、そこに上がった以上は責任をもって行動しなければならないという思いだ。

「横綱になった瞬間に引退を考えました」

と口にする歴代の横綱も多く、以前はそれを見て、

「カッコいいこと言って、そんなわけないだろ」

「いままで通り、稽古して相撲を取ればいいじゃないか」

なんて斜に構えていたが、いざ実際に自分がなってみたら、

「ああ、このことを言っていたんだな……」

と感じるものがある。

物事、なんでも始まりは大事だけれど、終わりはもっと重要だ。

私の相撲人生も、始まりがよかった。無論、途中は本当にいろいろなことがあったが、だからこそ、終わりはもっと大切なんじゃないか。いまはそう感じている。

親方から、

「これからは、いままでの100倍、人に言動を見られていると思ったほうがいい」

と言われた。相応の行動や考え方をしないと、〝終わりが大事〟というのは実現しない。そんなことも考えた。


横綱になって、思うことは多々あるが、家族はみんな、この昇進を自分のことのように喜んでくれている。友人からの連絡もたくさんあり、あらためて周囲に恵まれているなと感じた。

今後は、多くの横綱が果たしているわけではない二桁の優勝など、また新たな目標を立てて、そこを目指していきたい。常に新しい目標を立てていかないと、そこで終わってしまうからだ。

そもそも私は、35歳くらいまでは、死ぬほど働いていたいという思いがある。その〝仕事〟とは、もちろん相撲しかない。いまは死にもの狂いで働くが、どうしても35歳くらいになったら、いまほどの努力ができないだろうし、その時々で考え方も変わっているだろう。それでいいんじゃないかと思うのだ。

横綱・照ノ富士としての土俵人生は、どこまで続いているのか。それは私にもわからない。だからこそ、この先の未来を楽しみにしていようじゃないか。

伊勢ヶ濱親方が語る「弟子」照ノ富士

「頑張る姿を見せるのは価値ある立派なこと」

移籍してくる前から、本場所で相撲を見てきましたが、相撲がまだ本格的ではありませんでした。移籍してきたときも、部屋の幕下力士に分が悪かった。ただ、うちは稽古をしっかりやるので、それに合わせて本人もだんだん強くなってきました。体が大きいし、稽古すればなんとかなると思って、毎日厳しく稽古させたんです。

それまでやっていた稽古とは、質も量も全然違っていたと思いますよ。出稽古や合同稽古でもないのに、胸を出す関取衆がたくさんいます。みんながやるので、それに乗じて自然とやらなくてはいけなくなり、それで強くなったんじゃないでしょうか。

番付が上がり出してからは、早かった

ですね。体が大きくなってパワーもついて。でも、相撲が荒削りのままで、弱点だらけの相撲でした。それをカバーするほどのパワーがあったということなんですが、このままではいずれケガをするだろうという取り口です。力がつけばつくほど力に頼っていたので、どこかでケガするのはわかっていました。もちろん、稽古場でも、

「そういう相撲を取っていたらケガするよ」

と言い続けて、代わりにもっとこうしろと、力に頼らない取り方を具体的に教えていましたが、それでも力で勝ってしまうものだから、なかなか受け入れられなかったんです。最初の頃に比べれば、少しずつでもよくなってきていたんですが、上のほうに行っても力に頼る相撲が多かったので、ケガはある程度仕方ないことでした。

これは、いまだから言えるのですが、もともと彼は、横綱の素質があると見ていました。しかし、ケガをしやすい相撲だったので、最初の大関時代からそのまま横綱に上がって、いずれケガするのか。もしくはケガで一度落ちて、また上がってきて横綱になるのか。2つにひとつだと、最初から思っていました。

ケガをしないと相撲は変わりません。大関になるときの相撲も、内容的にいい相撲とはいえず、強引な相撲が多かった。

1回ケガを経験したら、よりいい相撲が

取れるんじゃないかと思ったんですが、予想以上に大ケガをしてしまった。しかも、続けて右、左とひざをやってしまったものだから、長い目で見てケアするしかないなと思いました。

正直、最初にケガしたときに手術をさせておけばよかったのかな……と、いろいろ考えます。しかし、最終的には本人の気持ちを尊重しないといけないなと思ったんです。ケガが治れば、大関から落ちてもすぐに上がれるのに、どうしても落ちるのが嫌なので、手術はしたくないと言いました。本人がする気にならないのに、無理にさせて失敗すれば、後悔しますからね。

問題は病気です。実は私も、現役時代は膵臓炎に悩まされていました。もともと痩せていた私は、体を作るために朝から晩までずっと食べて、1日8000〜1万キロカロリーは摂っていたので、体の負担がものすごかったんだと思います。その分、稽古はしていましたが、どこかで病気になってしまうかなという懸念はありました。

病気になると、体に力が入らなくなります。特に、お腹に力が入らないので、握力は一般女性よりも落ちてしまいますし、四股も踏めず、声も出ず、何もできません。私が患った膵臓炎は、最悪の場合は死に至る病で、2週間くらい点滴だけで何も食べられませんでした。そんな

大関昇進伝達式で、親方とおかみさんと

状態から元に戻すのも大変だし、きついですよね。

照ノ富士の場合も、病気になって力も気力もなくなり、つらい気持ちはよくわかりました。相撲が取れるかどうかというレベルの話ではないんです。それでも引き留めたのは、まだ若いし、内臓を治してからでもやり直しがきくのではないかという思いからです。

表面的なケガとは違い、内臓の〝ケガ〟は、目に見えないので、いつ治るのか、よくなっているのかがわかりません。目安がないので、本人にしてみれば辞めたくもなるでしょう。でも、病気をそのままにして辞めてしまったら、今度は日常生活に支障をきたします。

とにかく、本人は辞めたいと何回も言ってくるので、

「辞めてもいいよ。いいんだけど、まずは内臓を治さないと普通の生活もままならないから、相撲協会にいる間に治して、それからまた今後どうするか考えようよ」

と話しました。治って戻ってきたとして、序二段だったら、ひざや下半身を使わなくても、上体の力だけでなんとかなるだろうからと、説得したんです。

落ちているときは、本人には気力がないので、タイミングを見た声掛けをするしかありません。でも、ケガや病気で辞めると、治ったときに必ず、

「もうちょっとやれたんじゃないか」

と思うはずです。そうなると絶対に後悔するので、その〝もうちょっと〟をやらせたかったんです。後悔しないように。

せっかく、遠いところから相撲をしに来て、大関にまでなったのに、そんな形で辞めたら後悔するじゃないですか。あとから後悔しても、そのときにもし辞めていたら、もう二度と力士にはなれないわけです。だから、仮にボロボロになっても、「もう少し」という思いで、とどまってもらいました。

もちろん、大関にまでなった人間が、序二段で相撲を取るのは気が引けるでしょう。実際、あそこまで落ちて相撲を取ること自体、恥ずかしかったと思うん

ですよね。でも、そういう姿をみんなに見せることだけでも価値がある。決して恥ずかしいことではないんです。

それに、落ちた理由はケガと病気であり、弱くなって負けて落ちているわけではありませんから、そういうことを、本人に強調して言っていました。仮にケガをしたまま相撲を取っていても、頑張ること自体は誇らしいこと。そういったことを、しっかり本人に伝えていく作業を繰り返していましたね。

あのときは、とにかく辞めずに続けさせることが最優先でした。気持ち的に大変なのは本人なので、私は声をかけるだけですが、みんなに頑張る姿を見せることと、頑張ること自体は立派なことだから、優勝を目指せと言いました。

実際、全勝できてうれしかったと思いますよ。力士たる者、勝ってうれしくないわけがないですから。

ただ、内臓はすぐよくなるわけではないし、三段目のときに少し負けたので、どうかな……と思ったときはありました。その間も、本人は辞めたいというようなことを言っていましたが、

「幕下に上がったら、また変わるものもあるから」

などと、その都度、騙しているわけじゃないんだけど（笑）、まあもう少しやってみなさいと、なんとか納得させていた感じですね。

幕下に上がると、今度は本人が自信をつけてきました。内臓も快方に向かっていたのと、幕下で勝てたので、本人もすごく自信になったんです。その頃には、心も立ち直っていて、

「自分、十両にも上がる自信あります」

なんて、いつもの感覚に戻っていました。そこからは、辞めたいという話はなくなり、

「十両でもできる」

「幕内の下のほうでもできるかもしれない」

と言っていたので、だいぶ自信を取り戻したんだなあと、ホッとすると同時に、

「そんな簡単にはいかないよ」

と、釘を刺すようにもなっていました。

だからこそ、幕尻で優勝したときは、すごいことだなと思いました。あそこから、さらに自信がついたのではないでしょうか。いい方向に行ったと思います。

ケガをしたことで、本人の意識も相撲も変わりました。前に前に出る相撲。投げや力に頼らない、理にかなった相撲です。もちろん、力も使いますが、必要なところだけで出す。下がって抱え込んで何かをするのではなく、前に出ること。土俵際で無理して残ってしまうと、またケガにつながりかねません。こうしたことを、稽古場で身につけるようになりました。

いずれ横綱になるかな、とは思ってい

綱打ちは、還暦土俵入りを行う親方と一緒に

ましたが、予想外の大ケガと病気を経験し、それを乗り越えてまた上に上がって横綱になったので、それはそれでよかったなという気持ちです。部屋から横綱を二人出すのは、ほとんどないことなので、弟子に恵まれたなと思っています。

今後は、口上の通り、品格と力量の向上に努めて頑張っていけばよいのではないでしょうか。いまは、時間も限られていますから、やれることを最大限やっていく。何事も、いままでとは違います。横綱ですからね。幸い、それは私が近くにいて、いつでも教えられるので、これからも伝えるべきことは伝えていこうと思っています。

伊勢ヶ濱部屋おかみ・杉野森淳子さんが語る「息子」照ノ富士

「彼を一言でいうなら〝覚悟の人〟」

照ノ富士が間垣部屋から移籍してきたのは、8年ほど前。21歳の幕下力士で、背が高く、印象としては大人しい感じの雰囲気でした。当時は、自分からたくさん喋るわけではありませんでしたが、いま思えば緊張もしていたんだろうと思います。部屋の移籍は、力士にとってはストレスになりますからね。

間垣部屋は、少人数で自由な部屋だったようですが、うちには横綱・日馬富士もいましたし、稽古が厳しかったので、稽古量の多さですぐに痩せてしまいました。それでも、弱音を吐いたことは一度もありません。

しかし、大関から陥落したときから後ろ向きになってしまい、何度も主人のところを訪ねては、がっくりしていました。私は、それを見て、

「頑張って」

という月並みな言葉もかけられないほ

どでした。ケガや病気といった肉体的なことにとどまらず、さまざまな悪いものがすべて集約したような時期だったと思います。

当時は、私生活の部分までは立ち入っていませんでしたので、本人いわく「イケイケだったとき」に、外で豪快にシャンパンを飲んだなんていうことは、もっと後になってから聞いた話なんです。ただ、持ち慣れない大きなお金を持ったり、周りがちやほやしたりすれば、年齢的にはまだ23歳くらいでしたから、調子に乗るなと言うほうが難しいでしょう。どの社会でも、どんな人でも、普通はそうだと思います。

上り調子のこの頃は怖いもの知らずで、黙っていても人が集まってきていましたが、番付が落ちると共に人が離れていくのを身に染みて感じたと思います。実は、私も主人と結婚生活をしていて感じたのですが、主人が現役を引退すると、あからさまに去っていく人もたくさんいたものです。

絶頂から地の底まで落とされましたから、それはそれは人間性も磨かれて、生きながらの転生のようです。ただ、地獄が地獄で終わってしまわなかったのは、奥様と主人が本当に親身になっていたから。人が離れていったあのとき、精神面の大きな支えは、奥様と主人のほかにいなかったのではないでしょうか。本当に自分のことを思ってくれるのは誰だったのか。それが、どん底のときによく見えたと思います。

本当に自分の人生を正しく導いてくれるのは誰か、支えてくれるのは誰か、それが研ぎ澄まされてわかった時期であり、これからの人生において、とても貴重な経験をしたと思います。大変な地獄もありましたが、そこでこそ見えるものもあるということを、若いながらに自覚したのです。そういった経験が相撲人生に生かされて、いまがあるんじゃないかなと思います。

最近のインタビューを聞いていても、落ち着いていて浮かれていませんし、

「一番一番に集中して、努力してきたことを出すだけだ」

という発言が多くなってきました。毎日できることを精一杯してきた人なので、積み重ねてきたことが自信になっているんですね。

私は、いまもテレビで取組を見ていますが、不思議とひやひやしないで見ていられるんです。彼のインタビューのように淡々と、目をつむることなく落ち着いて見ています。彼は、常に一日一日を大事に過ごそうという姿勢でいるので、私も目の前の勝ち負けに左右されず、

「この一番を見届けてあげなくては」

という気持ちで見られるのです。

落ちていたあの頃は、大関に戻れるだ

なんて、想像もできませんでした。十両に上がれたとき、それだけでも本当によかったなと思っていましたから。横綱にまでというのは、当たり前ですが、もっと想像がつきませんでした。現在もそうですが、本人の努力は、想像を絶するものだったと思います。

伝達式での口上の文言については、本人と私たち夫婦と三人で話し合いをしました。本人に尋ねた際、

「横綱としての品格をイメージした言葉を入れたい」

と言っていたため、品格と力量の部分を、主人がアドバイスして決めました。

さらに、彼が何にも惑わされない心を培っていたので、

「不動心という言葉はどうか」

とアドバイスしました。

言葉ありきではなくて、自分でそれを体現しなければならない地位ですが、本人もそれを十分理解していると思います。

照ノ富士は、師匠である主人のことを、全面的に信頼していると感じます。日常生活のことも相撲のことも、いままで親方の言ったことがその通りになっていますから。照ノ富士がどう生きたらいいかを正しく導くために、ものの考え方を教えていました。本人も、なんでも相談してきてくれていたので、主人にとっても、弟子とそういった関係を築けるというの

は、とても幸せだと思います。

それと、やはり奥様がものすごく支えてくれていました。何かあると、

「親方の言うことを信じていなさいよ」

と言ってくれていたそうです。本当によきパートナーとよき師匠に恵まれて、彼のいまがあるといえます。

私の立場はというと、そんなたいしたものではないんです。照ノ富士から電話がかかってきたと思ったら、

「今朝は病院に行くので、稽古は……休むので……その……」

みたいな、師匠には言いにくいことを、師匠本人に直接言わずに私に先に言って、ワンクッション置くなんてことはありましたが（笑）。本当に、何もしてあげられていないですよ。

以前、ファンの方からお手紙をいただきました。引きこもりで軽度の障害があり、ずっと家にこもっていたけれど、照ノ富士が序二段から頑張って這い上がってきた姿を見て、外に出て介護士の免許を取り、いまは仕事をするようになりました、と書いてあるんです。必死に積み重ねてきたことが、一人の人を社会に出すほどの力をもったんだなというのを感じたら、なんてすごいことなのかと、胸が震える思いでした。

とにかく彼は、本当に努力しています。それは、想像を絶する努力です。なにより、自分で自分の相撲人生はもう長くな

いと言い切ってしまう、その覚悟は並々ならぬものがあります。彼を一言でいうなら「覚悟の人」だと思います。その大きな覚悟をもって、彼はいま、新たな目標に向けて頑張っています。

つらい思いは十分したので、思いやりももっていますし、今後はよき指導者にもなれると思っています。人間、自分が経験したことしか、人にはなかなか教えられません。昔から親方が、

「横綱と大関は、同じように見えて全然違うから、なってみなくちゃわからない」

「なれるんだったらなったほうがいい」

と、若き照ノ富士に一生懸命言っていました。最初の大関の頃は、その言葉がピンと来ていなかったようですが、最近のインタビューで、

「横綱は、なった人にしかわからない地位だから、自分もその景色を見てみたい」

と言っていて、やはりクレバーな子だなと思ったのを覚えています。

これからは、横綱として、みんなの見本と手本になりたいと本人も言っていましたから、その覚悟で頑張ってくれると思います。もう長くは取れないなどと言っていますが、未来はどうなるかわかりません。1日でも長く、横綱として頑張ってほしいと思って見守っています。

22

これから私がやりたいこと「もっと多くの人たちに相撲を好きになってほしい」

唐突だが、私には前々から大きな不満がある。

世間的に、どうも力士は〝太っていてカッコ悪い〟というイメージがあることだ。芸能人だけがもてはやされて、力士にはあまりスポットが当たらない。

本来、そうではないはずだろう。その昔、日本で「巨人・大鵬・卵焼き」なんて言われていた時代には、多くの子どもたちが相撲を見て熱狂していたのだから。

平成の時代になっても、兄弟横綱が活躍した〝若貴フィーバー〟の頃の相撲人気は、ものすごいものがあったと聞いている。

昔からの国技である相撲は、日本人にとっては、興味の大小はあれど、どんな人にもきっと身近で、話題の対象となり得るものだ。そのポテンシャルを引き出せるのは、果たして何か？ いろいろな要因が考えられると思うが、私にとっては「人気力士の台頭」が一番であろうと感じる。

無論、自分自身がその引き金になれたら、この上なく幸せだろうと思う。しかし、相撲人気のためなら、主役は私でなくてもいい。

私は、とにかく角界を盛り上げ、ひいては力士という存在価値をもっと高めたいのだ。従来の相撲ファンだけでなく、広く一般の人々にも、相撲の魅力や力士のカッコよさを知ってもらいたい。

そんな私はやはり、現役を引退したら、親方になって協会に残り、また〝フィーバー〟を巻き起こすほどの人気力士を育て、相撲界をさらに盛り上げたいという思いがある。そのためには、日本国籍を取得する必要があった。

国籍取得に関しては、実は一度下に落ちたときからもう動き出していた。親方と相談して、もう一度相撲を頑張ると決めたそのときから、家族を含むみんなで話し合って、結論が出た。序二段にまで落ちたとき、私を支えてくれた人たちは、奥さん、お母さん、親方、おかみさん含め大勢いたが、「親方になったらどうだ」と、全員の意

見が一致していたのだ。一番近くにいる奥さんも、モンゴルで暮らすお母さんも、

「日本と日本の皆さんに恩返しをしたほうがいい」

と言ってくれた。

それで、心が動いた。

なにより、支えてくれる人たちの努力を、自分が全部無駄にして、恩を仇で返すようなことはできなかった。きちんと恩返しをしたい。その思いで決めた。

とはいえ、そう簡単に決められることではない。決心までには、何度も自問自答を繰り返した。

実際、国籍が変わったことで、

「国を捨てた」

なんて言われることもあるが、もちろん私にそんな気持ちはない。あくまで自分の母国は母国。しかし、18歳で日本に来て、何も知らない自分をここまで育ててくれたのは、日本の人々だ。いままで支えてくれた人たちに対して、簡単に、

「俺はモンゴル人だから」

と、皆さんの気持ちを考えないなんてことはできない。

いままで何をしてきたか、これから何ができるかを考えたら、相撲でここまできて

いるのだ。周りが、私を相撲に集中させるため、私の今後の人生を考えて行動してくれているなかで、自分だけがわがままを言うわけにはいかない。下に落ちて、人が離れていくなかで、本当に一生懸命支えてくれた人たちを裏切ることなど、到底できないのだ。

それに、自分はどちらかというと、自分のしたことで、人の人生を変えられたらいいなと常に思って生きてきた。

そんななかで、いま自分にできることは何か、何をすべきか。それを踏まえて、考えた上での結論だった。

国籍取得にかかる大まかな手順はというと、日本で申請を出して、通った申請をモンゴルに送り、モンゴルでも申請が通ったら、日本でモンゴルのパスポートを返納して、日本の法務局から国籍取得の連絡を待つ。そんな流れだ。最初に日本で申請を出してから、取得するまで3年弱くらいかかった。自分は、モンゴルに帰ったときにできることをしただけで、基本的にはお母さんや奥さんが頑張って手続きを進めてくれた。

親方とおかみさんは、

「いままで乗り越えてきたことを次の世代に伝えるために、これからが大事だよ」

と言ってくれている。

ちなみに、親方になるためには日本国籍でなければならないという角界の制度。個人的には、この制度はこのままでいいと思う。これ自体が、日本のひとつの伝統文化であり、伝統文化を守り続けるためにしなくてはならないことなのだろうと思うからだ。

一人の横綱であり、一人の日本人にもなった私、照ノ富士。横綱としてのいまは、ただただ土俵の充実のために、そして今後は、相撲界発展のため、祖国・モンゴルと、育ての国・日本の架け橋になるために、日々を大切に過ごしていきたいと思っている。

富

エピローグ

現在の両国国技館に、あの頃の歓声はない。新型コロナウイルスの感染症対策により、収容人数は半減、お客さんは声を出しての応援ができなくなったためだ。

代わりに、いまは鳴りやまないほどの大きな拍手がある。

新横綱として初めて迎えた本場所。秋場所初日に行った、国技館での初めての横綱土俵入りで、私はその大拍手を、頭の先からつま先まで浴びた。

「横綱土俵入りは、それだけで一番取ったくらいの体力を消耗する」以前、そう聞いたときは、なんだかカッコいいこと言っているなあと、実は半信半疑だったのだが、実際にやってみてわかった。まさにその通りだ。

緊張はしなかったが、所作の一つ一つを噛み締め、心を込めて行

う横綱土俵入り。いままでの土俵入りとはまったく違う。10キロもある綱を腰に締めて行うといった体力的な部分でも、疲労感は大きかった。土俵入りだけでも休みを入れたいな……と、頭をよぎったほどだ。もちろん、そんなわけにはいかないのだが。

正直、場所前は少し不安な気持ちがあった。横綱として、注目度も上がっているなか、土俵の上できちんと責任を果たせるのだろうか――。しかし、振り返ってみると、その不安が逆にいい緊張感とモチベーションにつながったのだろうと思う。

初日から中日まで連勝。ストレートで勝ち越しを決めた。しかし、穴は9日目にあった。突き押しが得意の大栄翔に押され、完敗してしまったのだ。

自分のなかでの敗因は明確だ。失敗したなと思う。その2日後の明生戦でも星を落とした。やっぱりまだ、足りないものがある。

しかし、いつになっても自分のなかで課題が見つかり、学びがあるのはいいことだ。その分、自分はまだまだ強くなれるという証拠なのだから。

こうして私は、新横綱の場所を13勝2敗で優勝することができた。不安も課題もあったけれど、ほっとすると同時に、自分のなかでは納得ができる場所だったと思う。

横綱として本場所を経験して、いままでと変わったと思ったことがいくつかある。

ひとつは、自分のなかの意識。これまでは、強くなるためだったらただひたすら何番でも稽古しよう、トレーニングをしようと、強くなりたい一心でやっていた。責任ある行動だとか、そういうことは頭になく、とにかく強くならなくちゃいけないと、それだけだった。

しかし、そうして努力を重ねるうちに、いまは一番上の番付になった。すると、当然注目度も違うし、背負う責任も変わってくる。特に思うのが、若い子たちが自分のことを見て、自分にあこがれて角界に入ってくるような、そういう地位になったのだということ。こういったことを考えなければならないという気持ちが芽生えたのだ。

いまの自分は、横綱にふさわしいだろうか。みんながあこがれる存在になれているだろうか。常に不安はつきまとう。何事もそうだが、

「もうこれで大丈夫」

と思ってしまってはいけない立場なのだと、身に染みて感じている。

もうひとつは、場所を乗り切った後の体の疲れが2倍になったこと。おそらくこれは、土俵入りだけではなく、精神的なことも含めた疲労感だろう。いままでも最大限に体のケアはしてきたので、もうこれ以上何をすることもできないのが現状だ。

ただ、それでもこの15日間を取り切れた背景には、私の体のために動いてくれる人たちが周りにたくさんいるからにほかならない。部屋にも最新の治療機器がそろっている。ケアをしてくれる周囲の人の努力がないと、私は何もできない。


そういった意味で、千秋楽の優勝インタビューで私が語った周囲への感謝は、常日頃から心に存在するものである。

「自分一人ではここまで活躍できないので、師匠・おかみさんをはじめ、後援会の皆さん、家族、国技館に足を運んでくださる皆さんのおかげで、ここに立っていることをありがたいと思って、来場所に臨んでいきたいと思います」

この気持ちをなくしてしまったら、力士として以前に、人間として終わりだ。今回の秋場所も、やはりみんなへの感謝を噛み締めて土俵を後にする場所になった。その点は、横綱になったいまも変わらないことのひとつである。

◆　◆　◆

過去はもう振り返らない。ただ、歩んできた過去があるからこそ、いまの自分がある。これまで自らが積み上げてきたものと、いままで自分を支えてくれて来た人の努力を胸に、目の前の道を、これまで通り一歩一歩進んでいくだけだ。

横綱・照ノ富士は、まだその道を歩き出したばかり。これからどんな景色が私を待っているのだろう。自分にしか見ることのできない景色に出合うために、私はまた一歩、この足を前に踏み出してゆく。

照ノ富士春雄

あとがき

自分は基本的に、人前で目立ちたくない性分です。シャイなわけではないけれど、あまり自分が前に出ていきたくないのです。

しかし、新型コロナウイルスの影響で、世の中にも角界にも、影が差してしまいました。医療現場で日々奮闘する医療従事者の皆さんには、頭が下がる思いです。

こんな時期だからこそ、照ノ富士のこれまで歩んできたストーリーや率直な思いを伝えることで、元気になれる人や頑張れる人が一人でもいるならば――。そんな思いで、この本の出版に踏み切りました。

私を応援してくれているファンの皆さんや、コロナ禍で日々を必死に生きている人へはもちろんのこと、私や相撲そのものに関心がなかったとしても、現在糖尿病をはじめとする病気と闘っている人へも、この本を届けたい。その人たちの心を励まし、少しでも生きる希望の光となってくれれば、それは私にとってもこの上ない喜びです。

私は普段、マスコミに対して、あまり口数が多くありません。それは、その時々で自分の心境を正確に言葉にできる自信がないからです。

だからこそ、この本のなかでは、しっかりと自分の本心を伝えたかった。これまで、テレビや雑誌、新聞などには詳しく話せなかったことを、この本できちんと皆さんに伝えることができたと思います。自分の名で、責任をもって綴れたからこそ、私にとってもかけがえのない一冊となりました。

思い入れのある大切な本を手に取っていただいただけでなく、最後までお読みいただき、誠にありがとうございました。この本が、少しでも皆さんの人生に光をもたらすものでありますように。

照ノ富士春雄

照ノ富士春雄

第73代横綱。1991年11月29日生まれ。モンゴル・ウランバートル市出身。2010年に鳥取城北高校入学、2011年に間垣部屋に入門。2013年、伊勢ヶ濱部屋に移籍。2015年、平成生まれ初の大関に。その後、ケガや病気で序二段まで番付を落とすも、見事復活。2021年、令和初の横綱に昇進。本名は杉野森正山（すぎのもりせいざん）。身長192cm、体重184kg、血液型O型。

構成・インタビュー 飯塚さき（スポーツライター）

カバー装丁 三村 漢（niwanoniwa）
本文レイアウト 渡部 浩
写真 ゾルジャラガル
日本相撲協会
松田時彦
取材協力 小林鉄夫
撮影協力 株式会社ケンコー・トキナー
金山隆史（うずらフォト）

奈落の底から見上げた明日

2021年11月29日 初版第一刷発行
2022年 1月11日 初版第七刷発行

著　者 照ノ富士春雄
発行人 片村昇一
編　集 藤森邦晃
校　正 高橋美香／杉山英一
発行所 株式会社日本写真企画
〒104-0032
東京都中央区八丁堀4-10-8 第3SSビル601号
TEL 03-3551-2643　FAX 03-3551-2370
http://www.photo-con.com/
印刷・製本 シナノ印刷株式会社

落丁本・乱丁本は送料小社負担にてお取替えいたします
ISBN978-4-86562-131-0　C0075